생명력 있는 설교

설교의 심장을 뛰게 하라!

유진 L. 라우리 지음 | 김 양 일 옮김

THE
HOMILETICAL
BEAT

WHY ALL SERMONS
ARE NARRATIVE

기독교문서선교회

기독교문서선교회(Christian Literature Center: 약칭 **CLC**)는 1941년 영국 콜체스터에서 켄 아담스에 의해 시작되었으며 국제 본부는 미국의 필라델피아에 있습니다.

국제 CLC는 59개 나라에서 180개의 본부를 두고, 약 650여 명의 선교사들이 이동도서차량 40대를 이용하여 문서 보급에 힘쓰고 있으며 이메일 주문을 통해 130여 국으로 책을 공급하고 있습니다.

한국 CLC는 청교도적 복음주의 신학과 신앙서적을 출판하는 문서선교 기관으로서, 한 영혼이라도 구원되길 소망하면서 주님이 오시는 그날까지 최선을 다할 것입니다.

THE HOMILETICAL BEAT
Why All Sermons Are Narrative

Written by
Eugene L. Lowry

Translated by
YangIl Kim

Copyright © 2012 by Eugene L. Lowry
Originally published in English under the title as
The Homiletical Beat: Why All Sermons Are Narrative
by Abingdon Press,
Translated and used by the permission of
Abingdon Press
P. O. Box 801, 201 Eighth Avenue South,
Nashvillle, TN 37202-0801, USA

All rights reserved.

Korean Edition
Copyright ⓒ 2016 by Christian Literature Center
Seoul, Korea

추천사 1

김운용 박사
장로회신학대학교 예배설교학 교수

디트리히 본훼퍼(Dietrich Bonhoeffer)는 자신의 기독론을 정리한 책에서 교회의 중심 사역인 설교는 "교회의 부요(riches)이면서도 그것은 빈곤(poverty)의 이유가 된다"고 주장했다. 그러므로 설교자는 교회의 부요를 지키기 위한 노력을 계속해야 한다. 그러한 노력이 약화되는 곳에서 성도들은 그들의 신앙생활에서 하늘의 부요와 풍성을 누릴 수 없게 된다.

기독교의 설교는 단순히 무엇을 전달하거나 사람의 마음을 바꾸어서 결단하게 하는 것 이상의 훨씬 더 중요한 의미를 갖는다. 즉, 복음의 이야기를 통해 사람의 마음을 변화시키고 새로운 삶을 세워가는 데 주안점을 두는 사역이며, 복음을 통해 변화된 사람들이 전혀 새로운 이야기를 만들어가는 혁신성이라는 특징을 가지는 사역이다.

그래서 기독교의 설교는 그 자체로서 독특한 성격과 의미를 가지고 있다. 설교는 본질적으로 인간의 언어를 사용하여 하나님과 그분의 세계를 드러내는 '실행'(practice)이며, 하나님의 백성들은 설교를 통하여 하나님의 현존을 경험하게 된다는 점에서 특수한 사역이다. 주님은 선포된 말씀 가운데서 하늘의 말씀으로 생생하게 현존하시기 때문이다.

이런 점에서 기독교 설교는 교회나 목회의 일종의 장식품이나 단순히 사람의 기분을 돋우기 위한 "수사학적 여흥"(oratorical entertainment)이 아니며 인간적인 어떤 목적을 이루기 위한 도구도 아니다. 설교를 통해서 사람들은 오늘도 복음의 소식을 듣게 되며, 말씀하시는 하나님의 현존 가운데 참여하게 된다. 이러한 점을 신학적으로 확인하고 고백하게 되는 설교자는 이 땅에 구현되는 하나님의 말씀을 효과적으로 감당하기 위하여 노력할 것이다.

현대 설교학의 한 봉우리를 이루며 "내러티브 설교"(narrative preaching)를 주창한 유진 라우리(Eugene L. Lowry)는 미국 캔자스시티(Kensas City)의 세인트폴신학교(St. Paul School of Theology)의 설교학 교수로 오래 봉직했고, 현재는 은퇴했지만 설교와 혁신을 향한 그의 열정과 여정은 결코 멈추지 않고 있다.

일전 북미설교학회(Evangelical Homiletic Society)에 참석했을 때 뛰어난 피아노 연주로 좌중을 압도하면서 재즈와 같이 설교를 구성하고 전개할 필요가 있음을 피력하는 강의를 접한 적이 있는데 아주 신선했다.

유진 라우리의 첫 번째 책인 『이야기식 설교구성』(*The Homiletical Plot: The Sermon as Narrative Art Form, 1980* [한국장로교출판사, 1996])이 설교학계와 교회 강단에 주었던 영향력은 실로 컸다. 그리고 최근의 역작인 『생명력 있는 설교: 설교의 심장을 뛰게 하라』(*The Homiletical Beat:* Why All Sermons Are Narrative)도 설교를 새롭게 하려고 그가 드린 평생의 노력이 맺은 결정체이다. 김양일 박사에 의해 본서가 우리말로 소개된 것을 환영한다.

설교는 역사 가운데 일하시는 하나님의 행동과 임재에 대한 참여이며 응답이다. 인간적 수단을 통해 하나님의 메시지를 전하여 참여와 응답을 불러일으켜야 한다는 점에서 설교는 '어려운 사역'이지만 하나님의 세계가 이 땅에 활짝 펼쳐지게 만든다는 점에서 '영광스러운 사역'이다.

부디 이 모든 수고들이 합력하여서 한국 교회 강단이 더욱 푸르러가길 간구할 뿐이다. 오늘도 설교가 하나님 말씀의 보좌로 서 있기 때문에 그 영광과 신비함에 대해서는 우리의 설명을 초월한다. 그렇기에 설교가 하나님 말씀의 보좌로 더 굳건해지려는 노력은 계속되어야 한다.

오래 설교학을 연구하시고 설교 혁신이라는 여정을 시작하면서 귀한 책을 번역해 주신 것에 깊이 감사를 드린다. 유난히 무더웠던 여름, 구슬땀을 마다하지 않은 번역자의 수고 덕분에 함께 한 거장의 연주를 들을 수 있어서 큰 기쁨이고, 설교 혁신을 꿈꾸는 사람들의 일독을 권하지 않을 수 없다.

추천사 2

주승중 박사
주안장로교회 위임목사
장로회신학대학교 예배설교학 겸임 교수

유진 라우리(Eugene L. Lowry)는 설교학의 "코페르니쿠스적인 혁명"으로 불리는 "새로운 설교학"(the New Homiletic) 운동을 주도해 나간 북미의 대표적인 설교학자들 가운데 한 사람이다. 특별히 라우리는 "이야기" 혹은 "내러티브"(narrative: 본서에서 주로 '내러티브'로 번역했다-역주)에 대한 관심과 연구를 통해 내러티브 플롯(narrative plot)을 중심으로 한 내러티브 설교학을 발전시킨 설교학자이다. 그는 여러 권의 저서는 설교를 공간(space) 속의 행위에서 시간(time) 속의 행위로 생각하는 사고의 전환을 가져오게 했다.

라우리는 "우리들 대부분은 책상에 앉아 설교 준비를 시작할 때, 시간이 아니라 공간을 생각하도록 훈련되어 있다"고 지적하면서, 설교자들은 이제 설교의 개요(outline) 중심의 스타일보다는 플롯(plot)에 강조점을 두는 내러티브 형식에 관심을 가져야 한다고 강조했다.

라우리의 이런 주장은 자신의 첫 번째 저서인 『이야기식 설교구성』(*The Homiletical Plot: The Sermon as Narrative Art Form*, 1980)에서 그 열매를 맺었다. 그후에 그는 플롯의 복잡함에 대하여 좀 더 발전시킨 『강단 위에서 설교하기』(*Doing Time in the Pulpit*, 1985)를 저술했고, 플롯의 미묘함에 대해서 더욱 발전시킨 『설교: 신비의 가장자리에서』(*The Sermon: Dancing with the Edge of Mystery*, 1997)를 발간했다.

라우리는 마침내 미국에서 가장 유명하고 중요한 두 설교학 강좌인 예일대학교 신학대학원(Yale University, Divinity School)의 "라이먼 비쳐 강좌"(Lyman Beecher Lectures)와 머서대학교의 맥아피신학대학원(Mercer University, McAfee School of Theology)의 "윌리엄 셀프(William Self) 강좌"에서 강의한 내용들을 정리한 그의 최종적인 설교학 저서를 발간하게 되었다. 그것이 바로 『생명력 있는 설교: 설교의 심장을 뛰게 하라』(*The Homiletical Beat: Why All Sermons Are Narrative*)이다.

이번에 영남신학대학교에서 설교학을 가르치고 있는 김양일 박사가 라우리의 설교학 세계의 최종판이자 결정판이라고 할 수 있는 본서를 『생명력 있는 설교: 설교의 심장을 뛰게 하라』로 번역을 했다.

 라우리는 본서에서 재즈 음악이 가진 즉흥성에 대한 통찰을 설교에 접목시키는 흥미로운 접근을 시도하고 있다. 재즈 음악가이면서 유명한 설교가로서의 진수가 담겨 있는 본서는 아직도 연역적인 삼대지 설교에만 매달려 있는 한국 교회의 많은 설교자들과 신학도들에게 설교의 새로운 지평을 열어주리라 믿는다. 따라서 최근 "내러티브 설교"(narrative preaching)와 "스토리텔링 설교"(storytelling preaching)에 많은 관심을 가지고 있는 한국 교회의 목회자들과 설교자들 그리고 신학생들에게 필독서로 권한다.

2016년 8월 15일

추천사 3

로빈 메이어스 박사
오클라호마대학교

유진 라우리는 현재 강단에 가르치는 이 세대의 설교자들에게 "시간의 흐름을 따라서" 행하는 설교에 도움을 주고 있다.『생명력 있는 설교: 설교의 심장을 뛰게 하라』에서 그는 내러티브 설교에 대하여 적극적으로 계속 변호하면서 "강단에서 이야기나 들려주는 것"이라는 논리로 평가절하하고 혼란을 주는 비평가들에 대해서도 변론한다.

재즈 피아노와 설교의 대가로서, 라우리는 단지 하나의 방식으로 복음이 선포되는 것을 거부한다. 복음의 아름다운 음악성의 온전한 효과를 살펴보려면 본서를 읽어보길 바란다.

레오노라 튜브 티즈데일 박사
예일대학교 신학대학원

훌륭한 재즈 음악가는 화음을 들려주기 전에 아름다운 멜로디와 조화된 심오하고 오묘한 세계로 우리를 인도한다. 재즈 음악가에서 설교자로 변신한 라우리는 설교와 긴밀하게 연결된 이야기와 플롯, 구술성의 깊은 이해로 우리를 인도한다.

라우리는 이전에 자신의 책에서 다룬 핵심 주제들을 본서에서 보다 본격적으로 다룬다. 하지만 이러한 주제들에 대한 그의 전개와 순발력은 우리로 하여금 그의 설교에서의 음악성과 미묘한 의미에 대해 깊이 감사하게 한다.

· · · · · ·

제임스 F. 케이 박사
프린스턴신학교

아리스토텔레스와 루이 암스트롱에게서 배우라!

『생명력 있는 설교: 설교의 심장을 뛰게 하라』는 설교의 주제들이 이야기의 흐름을 따라 구체화될 때, 설교가 얼마나 생명력을 갖게 되는지를 보여준다. 자신이 만들고 실천하는 "새로운 설교학"(the New Homiletic)이라는 주제를 설명하며, 긴장에서 해결로 이동하는 설교를 강하게 부연하며, 놀랍고 경이로운 성경의 하나님을 위해 봉사하고 있다.

◆ ◆ ◆ ◆ ◆ ◆

월터 브루그만 박사
콜럼비아신학교

유진 라우리는 설교에 있어 과거의 지난 두 세대를 통해서 배울 수 있는 가장 중요한 교훈들을 요약하고 종합하고 있다.

라우리는 아주 예리한 예술적 감성을 가지고 있다. 구술적 소통 방식의 독특성이 무엇인지, 발언의 의도는 듣는 내용과 수용하는 방식에서 어떻게 결정적으로 달라지는지를 탐구한다. 최고의 재즈 감각으로 채워진, 그의 깊이 있는 연구 결과를 통해 모든 설교자들이 많은 것을 배울 수 있으리라 기대한다.

◆ ◆ ◆ ◆ ◆ ◆

클레오푸스 J. 라루 박사
프린스턴신학교

본서는 유진 라우리의 최고작이다. 그는 모든 설교가 효과적이기 위해 추구해야 할 기본적 원칙, 곧 적절한 움직임이있는 내러티브 설교의 절대적 필요성을 가르치는 데 최선을 다한다.

◦ ◦ ◦ ◦ ◦ ◦

O. 웨슬리 알렌 Jr. 박사
렉싱턴신학교

라우리는 위대한 설교자와 재즈 피아니스트로서, 본서에서 자신의 피아노 의자를 강단으로 끌고 와서 서술한다. 단순히 오래된 곡을 연습하는 것으로 만족하는 것이 아니라, 학자로서 전 생애 연구해 온 것을 선율의 즉흥성을 통해 보여주면서, 많은 독자들에게 새로운 경험을 제공해준다.

◦ ◦ ◦ ◦ ◦ ◦

셀리 A. 브라운 박사
프린스턴신학교

라우리는 훌륭한 설교의 가장 기본이 되는 서사성(narrativity)에 대하여 생동감 있게 알려준다. 다양한 성경의 본문들과 재즈의 세계로 그를 따라가다 보면, 우리는 복음적인 설교에서 긴장과 해결이라는 흐름의 기초를 재발견하게 된다.

* * * * * * *

토머스 H. 트로거 박사
예일대학교 신학대학원/종교음악연구소

『생명력 있는 설교: 설교의 심장을 뛰게 하라』를 읽는 것은 거장들의 음악적 기교를 이해하고, 그들의 언어적 성품을 평가하며, 성서정과(聖書定課: 교회력에 따라 배치한 성경 읽기표-역주)를 온전히 사용하면서, 설교 작성에 대한 거장의 생각을 알아보는 일이다.

역자 서문

김양일 박사

영남신학대학교 예배설교학 교수

설교학이라는 학문의 여정에 발을 들인 이후로 "이야기"(story) 혹은 "내러티브"(narrative)라는 화두는 언제나 내게 가장 중요한 고민의 출발점이었고 또한 그 핵심에 자리한 주제였다. 단지 설교학이라는 학문의 자리는 언제나 설교라는 실천의 자리를 전제하기에, 먼저 책상 앞에서 고민한 내용들을 어떻게 강단에서 의미 있게 풀어 갈 것인가의 문제는 학자로서, 그리고 말씀을 선포하는 목회자로서 늘 치열하게 고민하면서 풀어가야 할 숙제이기 때문이다.

유진 라우리는 "이야기" 혹은 "내러티브"를 설교 안에서 어떻게 적용해 갈 것인가를 그의 학문의 여정 내내 고민하면서 수많은 의미 있는 작업들을 시도하고 놀라운 발자취를 남긴 우리 시대 설교학의 대가 중의 한 사람이다. 특별히 그가 주장한 바 있는 플롯(plot)을 전제로 한 새로운 설교인 "내러티브 설교"(narrative preaching)는 "새로운 설교학"(New Homiletic) 운동의 흐름 아래 등장한 의미 있는 결과물이라 할 수 있다.

무엇보다 라우리의 소중한 주장은 시대를 지나면서 더욱 완성도 있게 제시되어 왔다. 이전에도 다양한 저작들을 통해서 자신의 학문의 열매들을 제시했지만, 금번 역자가 번역을 시도한 『생명력 있는 설교: 설교의 심장을 뛰게 하라』는 이제는 학교에서 은퇴한 노학자의 연륜과 학문적 완성도가 더욱 돋보이는 저작이라고 할 수 있다. 그 가운데 지금까지 본격적으로 언급되지 않았던 설교와 음악의 한 분야인 재즈(Jazz)의 연결을 통한 그의 작업은 아주 창의적이고 새로운 시도로 역자에게도 신선하게 다가왔다.

라우리는 설교학자이면서 재즈 피아니스트로서 평생 가까이 해 온 삶의 일부라 할 수 있는 재즈와 설교의 공통점, 그리고 이 둘의 특징을 절묘하게 연결하고 있다. 그 중에서도 재즈 음악의 가장 큰 특징이라 할 수 있는 즉흥성(improvisation)이 설교 안에서 어떻게 시도되어야 할 것인지에 대한 통찰은 그 어떤 논리보다 설득력 있는 시도라 생각하게 된다. 이외에도 본서는 내용이 방대하지 않음에도 라우리 설교학의 다양한 측면들을 살피는 데 큰 도움이 되는 책이라 할 수 있다. 본서는 설교의 구술행위로서의 우월성에 대한 학문적인 설명과 성서정과(聖書定課: 교회력에 따라 배치한 성경 읽기표)의 균형잡힌 적용을 위한 적절한 비판과 대안 제시 등 다양한 관점에서의 설교자와 설교 준비를 위한 내용들로 채워져 있기 때문이다.

바라기는 본서를 통하여 우리 시대의 설교가 나아가야 할 소중한 지침들을 많은 설교자들이 얻게 되기를 희망한다.

복음을 전하기 너무도 어려운 이 시대에, 오늘도 강단에서 피를 토하는 마음으로 복음을 붙들고 그 자리에 다시 서야 하는 것이 설교자들이 걸어가야 할 길이기에, 본서가 그 고난의 여정 가운데 조금이나마 도움이 될 수 있다면 여름날 번역을 위해 수고한 땀과 노력들이 오히려 역자에겐 기쁨이 될 수 있으리라 생각한다. 끝으로, 라우리가 몇 번이고 언급한 해돈 로빈슨(Haddon Robinson)의 말을 설교자들은 잊지 말아야 할 것이다.

"긴장이 사라지면, 설교는 이미 끝난 것이다!"

2016년 8월 18일
지독히도 무더웠던 여름날 봉회리 연구실에서

THE HOMILETICAL BEAT
Why All Sermons Are Narrative

목차

추천사1(김운용 박사/장로회신학대학교 예배설교학 교수)_ 5
추천사2(주승중 박사/주안장로교회 위임목사)_ 9
추천사3(로빈 메이어스 박사/오클라호마대학교 외 7인)_ 12
역자 서문_ 17

머리말_ 22

Chapter 1 서론_ 27

Chapter 2 내러티브의 세가지 차원_ 33

　　1. 첫 번째 차원: 시간의 가시적 형식으로서의 내러티브_ 35
　　2. 두 번째 차원: 전략적 목표로서의 내러티브_ 62
　　3. 세 번째 차원: 체화된 형태로서의 내러티브_ 88

Chapter 3 아리스토텔레스 블루스와의 만남_ 118

1. 플롯의 단계1: 갈등_ 124
2. 플롯의 단계2: 복잡화_ 133
3. 플롯의 단계3: 반전_ 146
4. 플롯의 단계4: 대단원_ 158
5. 갈등, 복잡화, 반전 그리고 대단원_ 164

Chapter 4 구술성의 회복_ 166

1. 즉흥적인 구술성, 복선적 사고 그리고 공동본문위원회와의 만남_ 172
2. 쓰기가 말하기를 능가할 때: 이사회에서_ 176
3. 말하기가 쓰기를 능가할 때: 론 레인저_ 178
4. 기술의 진보인가?_ 189
5. 설교 준비: 본문, 또 본문, 반복, 또 반복_ 191
6. 그러므로_ 224
7. 설교에서의 소리_ 225

머리말

유진 L. 라우리 박사
미국 세인트폴신학교, William K. McElvaney 명예 교수

본서는 최근의 두 강좌, 곧 2009년 예일대학교 신학대학원(Yale University, Divinity School)에서의 "라이먼 비쳐 강좌"(Lyman Beecher Lectures)와 2011년 머서대학교의 맥아피신학대학원(Mercer University, McAfee School of Theology)에서의 "윌리엄 셀프(William Self) 강좌"의 결과물이다. 이 두 개의 명망 높은 강좌에 내가 초청된다고 하니 상당히 설레고 떨렸었다. 요청을 받는다는 사실에 부담도 함께 가지게 되었다.

무엇보다, 세계적으로 저명한 성서학자인 예일대학교의 린드 커크(Leander Keck) 신학대학원 원장의 초대와 뉴헤이븐대학교(University of New Haven)의 해롤드 애트리지(Harold W. Attridge) 원장의 환영, 그리고 머서대학교 맥아피신학대학원

알란 쿨페퍼(R. Alan Culpepper) 원장의 초청은 최고의 초대로 여겨졌다.

예일대학교와 맥아피신학대학원에서 이 행사의 책임을 맡은 이들을 통해 우리를 향한 환대를 미리 느낄 수 있었다. 애트리지 원장의 조교인 그레이스 폴(Grace Paul)은 우리가 도착하기 전부터 마치 우리가 집에 와 있는 것처럼 따뜻하게 맞아주었고 우리는 그 기간에 친구가 되었다. 쿨페퍼 원장의 조교인 다이안 프래지어(Diane Frazier)는 강의 안내를 담당해 주었다.

설교학 동료들인 예일대학교의 노라 티즈데일(Nora Tisdale)과 톰 트로거(Tom Troeger)와 맥아피신학대학원의 피터 레아 존스(Peter Rhea Jones)와 브렛 영거(Brett Younger)는 방문 기간 내내 힘든 상황 가운데서도 동료애를 가지고 지속적인 환대를 보여주었다. 직원들과 교수진 그리고 학생들 모두는 사라(Sarah: 라우리의 아내-역주)와 내가 강의 기간 동안 그들과 함께 특별한 공간 안에 있음을 느끼게 해 주었다.

이 강의가 책으로 바뀌게 된 과정은 이전의 다른 어떤 작업보다 복잡했다. 강의를 인쇄물로 옮기는 데에는 데일 크랩(Dale Krebbs)과 웹마스터, 자문위원, 그리고 늘 나와 함께 하는 친구들이 큰 도움을 주었다.

강의의 두 번째 장에 사용될 녹음 작업에서 놀라운 음악적 편집과 기술적인 능력을 보여준 이가 있다. 예일대학교까지 찾아와 준 나의 음악 동료인 트럼펫 연주자 맥 맥쿤(Mac McCune)과 트럼본 연주자 카를로스 섬머스(Carlos Summers)는 "아리스토텔레스 블루스"(*Aristotle Blues*: 토니 코에 [Tony Coe] 작곡)와의 만남을 실감나게 해 주었다. 강의의 내용은 구술적인 형식에서 문자적인 형식으로 바뀌는 가운데 어느 정도 수정되면서 더해지기도 하고, 빠지기도 했으며, 편집되기도 했다.

아빙돈 출판사(Abingdon Press)의 관련 담당자 폴 프랭클린(Paul Franklyn) 박사와 다시 작업을 하게 된 것도 놀라운 일이다. 내가 선임 편집장 렌 윌슨(Len Wilson)을 만날 수 있도록 안내해 주고 함께 발행 과정에 참여하게 도와준 사람도 프랭클린 박사이다. 렌은 출판의 목적을 분명히 알았고, 어떻게 표현되는 것이 더 선명할 수 있는지에 대한 예리함을 가지고 있었으며, 모든 결정 과정에 개방적인 대화가 가능한 최고의 편집자였다.

특별히 나는 본서에서 언급되는 모든 비유에 대해 다루는 방식을 알게 된 점에 대해 그에게 감사한다. 그리고 사라는 언제나 세심하게 비판을 해 주는 나의 사랑스러운 아내이다.

나의 설교학 여정에서, 내가 말하는 주제와 관련하여, 비록 이것이 새로운 발견이 아니라고 한다고 해도 몇몇 참신한 기본적인 생각들을 실제로 제공해왔다고 생각한다(사실, 내가 발견한 플롯의 "반전의 원칙"이 아리스토텔레스가 시간을 되돌려 훔쳐간 것이 아닌가 생각한 적도 있었다).

따라서, 본서를 출판하는 데 세 사람의 중요한 멘토들의 이름을 밝히는 것은 나에게 큰 기쁨이다. 그들 모두는 나보다 앞선 생애에서 최고의 영향력을 끼친 사람들이다.

예를 들어, 내러티브에 대한 나의 무지가 짜증나는 것임을 드류대학교 신학대학원(Drew University, School of Theology)의 칼 미켈슨(Carl Michalson) 교수를 통해 알게 되었다. 나는 그가 조직신학을 우리에게 가르쳤으며, 그 분야에서 탁월한 사람이었음을 알고 있다. 하지만 그는 그보다 훨씬 더 많은 일을 해내었다. 그는 내러티브 방식으로 일한다는 것이 어떤 의미인지 가르쳐주었으나 그때는 내가 완전히 깨닫지는 못했다.

나는 미켈슨이 강의를 할 때나 설교할 때, 메모한 것을 전혀 사용하지 않는다는 것을 알았다. 훗날 내가 다른 사람들에게 제공하려 했던 내러티브 세계의 실제적인 모델이 바로 그

였음을 발견하는 데 수십 년이 걸렸다.

나는 학기 교재로 사용하던 그래디 데이비스(H. Grady Davis)의 『설교를 위한 계획』(*Design for Preaching*)을 사용하지 않고 꽤 오랜 시간이 지난 후에, 그 책에서 그가 주장하는 근본 원칙이 실제로는 모든 설교에서 가장 중요한 것임을 분명하게 깨닫게 되었다(실제로 이러한 몇몇 발견은 지난 5년 사이에 내게 일어난 것이다). 그것을 알아내기까지 아주 오랜 시간이 걸렸다.

나는 내가 처음 강단에 섰던 세인트폴신학교(St. Paul School of Theology) 시절, 누군가 "당신은 당신이 이야기하는 주제에 대해 책을 쓴 프레드 크레독(Fred Craddock)을 잘 알아야 할 거예요"라고 말해준 그 때를 결코 잊을 수 없다.

그 무렵, 나는 설교에 대한 나의 관점이 새로워져야 한다고 생각하고 있었다. 나는 물었다.

"그 이름이 뭐라구요?"

모든 설교를 위한 바른 방향을 제공하고 있다는 나의 잘못된 믿음으로 인해 생긴 좌절감은 나의 멘토인 크레독의 발아래에 앉아 배우는 특권을 가짐으로 인해 절대적인 기쁨으로 바뀌었다. 칼 미켈슨와 그래디 데이비스 그리고 프레드 크레독, 그들에게 진 빚이 너무도 크다.

서론

Chapter 1

본서에서 주장하는 "내러티브 설교"[1](narrative preaching)라는 용어는 설교의 한 부분으로 이해하는, 즉 하위 개념을 언급하는 것이 아니다. 또한 이야기(stories)의 사용이나 어떠한 주제를 위해서 적합한 설교의 장르에 대한 생각을 고려한 명칭도 아니다. 그보다는 좀 더 근본적인 맥락에서 실제 작업 방식의 기저에 깔린 설교사적인 사건을 우리는 설교라고 부른다.

---

1 내러티브(narrative)와 이야기(story)의 의미와 해석에 대한 다양한 의견들이 있어왔고, 현재도 상존하고 있다. 내러티브를 통칭하는 의미로 "narrative preaching"을 내러티브 설교로 그리고 좀 더 세부적인 의미로 "narrative sermon"은 이야기 설교로 구분하여 해석했음을 밝혀둔다. 덧붙여 이후 등장하는 "narrative"와 "story" 두 단어가 가지는 의미가 상당히 중첩되지만 번역의 편의를 위해서 내러티브와 이야기로 번역했음을 밝혀둔다-역주.

그래디 데이비스(H. Grady Davis)는 50년 전에 내러티브 설교가 어떤 것인지에 대한 근거와 토대를 심오하면서도 단순하고도 명료하게 정립했다. 비록 그는 내러티브(narrative)라는 용어를 쓰지는 않았지만, 다음과 같이 언급했다.

> 설교는 그림처럼 정적(static)이지 않다. 그림은 그 자체로 한 순간에 전부를 보여준다. 모든 구성과 대상들 그리고 배열뿐만 아니라 지극히 세부적인 것까지 모든 것들이 개별과 전체라는 의도된 관계성에 따라 고정되어(fixed) 표현된다. 그림은 시각적 구상이며, 완결된 것이고 정적이다. 그러나 설교는 그렇지 않으며, 그림이나 건물 같은 객관적인 완결성을 결코 가지지 않는다.[2]

사실, 설교는 완전히 다른 영역이라고 볼 수 있다. 설교를 다른 장르에 참여시키는 일은 음악, 드라마 그리고 영화가 함

---

2 Henry Grady Davis, *Design for Preaching* (Philadelphia: Fortress Press, 1958), 163.

께하는 사건이다.³ 이런 장르들은 공간에 설치된 시각적 구상이 아니며, 시간 속에서 활동하는 시간의 예술이다. 데이비스가 설명하는 것처럼 이것은 사실이다.

> 설교는 음악과 같은데, 마디와 주제가 연속되고 한 순간에 연주되지 않는 라이브 공연의 음악과 유사하며 악보로서의 음악과는 다르다. 설교는 일종의 놀이와도 같은 것이며, 단지 인쇄된 책이 아니라 무대 위의 몸짓이다. 첫 번째 몸짓은 두 번째와 세 번째로 이어지며 . . . 그 드라마는 결코 한순간에 모든 것이 [경험되지] 않는다. 설교는 큰 소리로 울리는 이야기와 같은 것이며, 각 문장들은 다음 문장이 선포되기 전에 영원한 과거로 사라진다.⁴

여기에서 귀가 눈보다 우선한다. 공간에 멈춰버린 것이 아니라 시간을 따라 차례차례 그리고 리듬을 따라 움직인다.

---

3 라우리는 설교는 "시간 안에서 일어나는 사건"으로 일찍이 정의한 바 있다-역주.
4 Ibid., 163-164.

만약 **한순간에**(all-at-once, 동시에)와 **차례차례**(moment-by-moment, 순차적으로) 사이의 기능적인 면에서의 근본적인 차이를 알지 못한다면, 이는 설교의 본질을 강탈당하는 것과도 같다고 볼 수 있다.

본서에 등장하는 "손에서 눈으로"(hand to eye)와 대비되는, "입에서 귀로"(mouth to ear)와 같은 표현을 살펴보는 것은 매우 중요하다. 설교가 생각없이 쓰여진 글(literalism, 혹은 문자주의)로 해석되면 안 되기 때문이다. 따라서 여기에서 제시하는 보다 근본적인 주제는 "시간의 흐름(temporal sequence)과 한순간(all-at-once)" 사이의 차이점을 다루는 것과 관련있다. 청각장애인인 스테픈 웹(Stephen H. Webb)의 경우를 예로 들면, 그는 "팔(다리) 근육이 목 근육을 대신"[5]하여 의사표현을 하는데, 이 경우 눈이 귀의 기능을 대신 감당한다.

다시 말하자면, 고정된 것과 움직이는 것 사이에는 현격한 차이가 존재한다. 마찬가지로, 이탈리아어를 구사할 수 없는 사람은 오페라의 대사를 이해하려고 자막을 이용하는데, 이처럼 자막을 통해 무대 위의 움직임을 파악한다. 그리고 결국

---

5 Stephen H. Webb, *The Divine Voice: Christian Proclamation and the Theology of Sound* (Grand Rapids Brazos Press, 2004), 51.

오페라는 자막의 흐름에서 연속적인 주제의 흐름으로 움직이는 것이다.

그래디 데이비스는 다음과 같이 말했다.

> 만약 우리가 예술로부터 배울 수 있다면 우리는 시간의 흐름(temporal sequence)에 기초한 예술로부터 배울 필요가 있다.[6]

데이비스는 음악과의 관련성에 대해 다음과 같이 말했다.

> 나는 . . . 핵심적인 주제들을 음악가가 연주하듯 . . . [나의 주장들]을 연주해야 한다.[7]

데이비스의 주장은 46년 후인 2000년에 발표한 "음악가는 악보를 연주하고, 설교자는 단어들을 연주한다"[8]는 커크

---

6 Henry Grady Davis, *Design for Preaching*, 164.
7 Ibid., 168.
8 Kirk Byron Jones, *The Jazz of Preaching* (Nashville: Abingdon Press, 2004), 30.

바이런 존스(Kirk Byron Jones)의 주장과 동일한 맥락으로 이어지고 있다.

정의에 의하면 **차례차례** 한줄씩 표현을 구성하는 것은 내러티브이다. 표현이 **한순간**에 일어나는 것은 내러티브가 아니다. 음악 연주는 형태상 내러티브이며, 따로따로 분리된 설명은 연주가 될 수 없다. 순간순간 이동하는 설교의 기본적 수단은 시간이다. 그렇기에 이야기는 설교의 가장 기초적 형식이다. 이것이 바로 내가 이야기 설교의 원리에 대해 말하고자 하는 바이다.

그래서, 이러한 원리에 의거하여 우리는 시간을 하나님의 말씀과 맞추어 갈 것이다. 이것이 설교에 관한 모든 것이며, 이런 인식의 탐구와 설명이 2009년 예일대학교의 "라이먼 비쳐 강좌"와 2011년 머서대학교 맥아피신학대학원에서 열린 "윌리엄 셀프 강좌"의 목적이었다. 그 기초 위에 이 책이 존재한다.

내러티브의 세 가지 차원

Chapter **2**

설교는 **시간**이다!

이것은 설교에 대한 적절한 정의이다. 나는 지금까지 수십 년간 내러티브라는 용어 사용으로 설교에 관심을 일으켜 왔다. 때로는 플롯이 있는 설교(plotted preaching)라는 말을 사용하기도 했으나, 학자들마다 이와 유사한 작업에 다른 용어들을 사용하기도 했다.

프레드 크래독(Fred Craddock)은 귀납적 설교(inductive preaching)라는 말을 사용했으며, 데이비드 버트릭(David Buttrick)은 새로운 의식들의 연결로 플롯이 있는 전개(plotted mobility)를, 루시 로즈(Lucy Rose)는 지속적인 대화 속에서 주제를 표현하는 것으로 대화체 설교(conversational preaching)라는 용어를 사용했다. 찰스 라이스(Charles Rice)는 내러티브 설교라는 용어에 초점을 맞추었고 핸리 미첼(Henry Mitchell)은 경축의 의미를 설교에 부여했다.

이처럼 우리 가운데 몇몇이 동일한 이해를 가지고 있거나, 최소한 비슷한 생각을 가지고 있다는 전제하에, 리차드 에스링거(Richard Eslinger)는 데이비드 제임스 랜돌프(David James Randolph)가 "새로운 설교학"(The New Homiletic)이라고 명명한 흐름에 참여한 다섯 명의 특징을 설명했다. 그는 새로운 설교학의 운동을 가리켜 "설교에 있어 코페르니쿠스적 혁명"[1]이라고 생각했다.

서로의 차이점에도 불구하고, 이런 유사한 이론가들을 문제의 중심으로 연결시키는 것은 무엇일까?

내가 믿기로는 이들 모두는 시간의 흐름에 가장 큰 관심을 집중해왔다는 것이다. 미첼은 설교를 경축으로, 버트릭은 공동 의식들로, 로즈는 주제들을 현재 진행의 대화로, 라이스는 이야기를 말하는 것으로, 크레독은 설교에 내재해 있는 기대의 필요성에 대해 각각 이야기한다.

1　Richard L. Eslinger, *A New Hearing* (Nashville: Abingdon Press, 1987), 65.

결국, 모두는 설교라는 사건에서 시간의 흐름은 가장 기본적인 것이라고 주장한다. 나는 이것을 서사성(narrativity)이라고 부르며, 설교에서 선택의 요소가 아니라 핵심, 곧 설교가 무엇인가에 대한 형성원리라고 본다.

1. 첫 번째 차원: 시간의 가시적 형식으로서의 내러티브

그래디 데이비스는 다음과 같이 말했다.

> 설교의 적합한 구성은 시간 안에서의 움직임에 있다. 이는 주어진 순간에 시작하여 주어진 순간에 끝을 맺으며, 계속 이어져 나타나는 순간들을 통해서 진행된다.[2]

처음 데이비스의 글을 읽었을 때 나는 그의 정의를 꽤나 명쾌한 것이라고 여겼다. 물론, 설교자는 처음 자신의 메시지를

---

2 Henry Grady Davis, *Design for Preaching* (Philadelphia: Fortress Press, 1958), 163.

전달하고자 할 때, 먼저 말로 시작하며 메시지 전달을 완료했을 때 말을 멈출 것이다. 따라서 그들은 시작과 마침이라는 시간의 두 간극 사이에서 말하고 있는 것이다.

그 당시 명확한 논평이라고 여겼던 것이 지금 우리에게 매우 과격하고 변혁적인 데이비스가 준 선물의 핵심이었음을 나는 이해하게 되었다. 사실 나도 이것이 무엇을 의미하는지 이해하는 데 한평생이 걸렸다.

실제로, 설교학자들은 끊임없이 "생산적 개념"(generative idea), "내용과 형식의 일치"(union of substance and form) 그리고 나무로 이미지화 된 설교의 비유 등 데이비스가 우리에게 준 선물들에 집중했다. 또한 다소 급진적인 초기의 선물들은 아직 온전한 성과를 내지 못하고 있다.

사실 거의 알려지지 않은 몇몇 개념들은, 책의 중반부에 있는 "연속성: 본질과 형식들"[3](Continuity: Nature and Types)이라는 장에 언급되어 있다.

데이비스는 설교를 다음과 같이 정의한다.

---

3   Ibid.

설교는 단순하게, 혹은 정교하게 작성된 글의 개요나 원고, 즉 초고가 아니며 . . . 설교는 연속되는 시기 적절한 소리와 모습 그리고 몸짓을 의미한다.[4]

내가 믿기로는 설교 공동체에서 우리는 이처럼 "단순한" 문장에 담긴 거대한 의미를 제대로 파악하지 못했다. 만약 이해했다면, 우리는 설교의 **요점들**(중요한 핵심들)보다는 **단계들**(절차들)에 대해 말하는 것을 배웠을 것이다.

그렇다면 이러한 개념들이 가진 급진성을 어떻게 확인할 수 있을까?

첫 번째 단계는 다수의 설교자들이 설교에 관해 말할 때, 그들이 사용하려는 이미지들을 깨닫는 일이다. 이것들은 이미지의 밑바닥에 자리한 무언의 전제에 관해 분명한 반영도 없이 언급된 것들이다. 실제로, 가끔씩 이러한 종류의 언어들은 설교를 가르치는 이들에 의해서도 사용되는 것이다.

나는 설교자들이 다른 설교자들과 설교에 대해 이야기할 때, 시간의 연속성에 관한 논의는커녕 시간에 대해서도 이야

---

4 Ibid.

기하지 않음을 자주 발견한다. 이것은 마치 설교를 공간 안에 존재하는 하나의 사물처럼 느끼는 것과 같다.

한 주의 금요일까지, 아마도 누군가로부터 당신의 주일 설교 준비에 대해 논평하는 것을 들을 수 있을 것이다. 누군가로부터 설교 준비는 어떻게 되고 있는지 질문을 받을 때, "글쎄요, 그것을 함께 잘 해내려고 하던 참이에요"라고 답할지 모른다.

함께?

그것 (그리고) **함께?**

설교자에게 "함께 해낸다"고 하는 것은 어떤 의미일까?[5]

그것이라는 단어와 **함께**라는 단어는 이런 문장에 함께할 수 없다. 그러나 중요한 전제된 이미지는 매우 분명하다. 그것은 **공간**이다. 이것은 생스터(Sangster)의 『설교 구성의 기교』(*Craft of Sermon Construction*)에서 말하는 이미지와 니콜(Nichol)의 『말씀 구축하기』(*Building the Word*)에서 제시하는 이미지와 같다.

---

5 라우리에게 있어서 설교에 대한 두 가지의 큰 이미지는 '시간과 공간'의 개념이다. 설교가 한 공간 안에서 보이고 마는 그림과 같은 것이냐 혹은 시간의 흐름을 따라서 차츰차츰 보이는 음악과 같은 것이냐의 이미지로 구분하고 있다. 그리고 이러한 설교의 전달에 대한 개념의 구분은 준비의 과정에도 적용이 된다고 라우리는 이해하고 있다-역주.

그리고 이 이미지는 모퉁이에 세워진 완성된 건물, 퍼즐과 같이 조립된 부품들 그리고 자동차 공장에서의 일치된 생각들처럼 연합시키는 어휘이다. 실제 1908년 "라이먼 비쳐 강좌"에서 윌리엄 허버트(William Herbert)와 페리 파운스(Perry Faunce)는 "설교는 목수가 줄을 세워 집을 짓는 것과 같다"[6]라고 언급하기를 원치 않는다고 했다. 그럼에도 설교에 대한 여러 개념들은 이와 같이 공간적인 개념으로 이해되곤 한다.

하지만 데이비스는 설교의 개요나 형태보다는 시간과 관련된 개념으로 설명하고 있다. 그는 무엇보다 설교는 공간이 아닌 시간에 참여하는 것이며, 돌연히 한 장소에서 발생하는 것이 아니라 차례로, 한 박자씩 드러나는 것으로 이해했다. 그는 다음과 같이 확신 있게 주장한다.

> 만약 우리가 다른 예술로부터 배우기를 바란다면, 우리는 시간의 흐름에 바탕을 둔 예술로부터 배워야 한다.[7]

---

6 William Herbert Perry Faunce, *The Educational Ideal in the Ministry* (New York: Macmillan, 1908), 170.
7 Henry Grady Davis, *Design for Preaching*, 164.

여기서 말하려는 모든 것은 우리가 설교단 위에서 무엇을 하건 그것이 내러티브라는 것이다. 즉, 설교는 시간의 흐름을 활성화할 뿐만 아니라, 시간의 흐름 안에 존재한다는 것이다. 설교는 흐르는 시간 가운데 질서정연한 형식, 곧 내러티브 설교의 원칙이 작동하는 형식이다. 이는 첫 번째 차원에서 고려해야 할 사항이며, 본서의 내용이 더 진행되기 전에 이에 관해 인식을 하는 것은 매우 중요하다.

브라이트신학대학원(Brite Divinity School)의 성서학 교수인 토니 크래이븐(Toni Craven)가 언급한 것으로, 우리는 내러티브를 시간의 흐름이라고 한 그녀의 정의를 다루고 있다. 내러티브는 우리 작업의 전달수단이다. 이것은 맥루한(McLuhan)의 견해로 제시된 것으로 다른 모든 변수에도 불구하고 선택된 상황이다. 그러므로 다음 주 당신의 설교는 무엇이든지 간에 내러티브가 될 것이다. 곧, 설교는 실제로 시간을 통하여 시작부터 끝까지 진행될 것이다.

설교는 연역적이건 귀납적이건, 이미지를 기본으로 하건 논리를 추구하건, 또는 선형적이건 사건 중심적이건, 즉흥적이건 원고 상태로 진행되건 간에 모든 것들이 어우러진 예배의 환경에서 이야기(story, 혹은 설명)와 같은 적절한 형식 안에서 경험된다. 설교는 그림이나 조각과 같이 한순간에 표현되지 않는다. 설교는 음악, 영화, 시와 같이 시간 속에서 생생히 살아있다. 이런 사실은 설교에 있어서 부차적이거나 선택적인 것이 아닌, 가장 근본적인 것이다.

이와 같은 이해를 바탕으로 "라이먼 비처 강좌"와 "윌리엄 셀프 강좌"에서도 발표한 바와 같이 나는 좀 더 부가적인 설명을 위해 피아노를 사용했다. 나는 교회에서 잘 알려진 찬송가를 단일한 선율로 리듬 없이 천천히 연주했다.

나는 중앙의 "도"(C) 음을 눌렀다. 도, 도, 도, 도, 도, 도, 레(D), 레, 레, 파(F), 파, 파, 파, 파, 파, 파, 파, 파, 파, 파, 솔(G), 솔, 솔, 라(A), 라, 라, 라, 라, 라, 라, 라, 라, 라, 도(C), 도, 도. 마지막 세 개의 도(C) 음은 중간보다 한 옥타브 높은 도(C)였다. 그다음 나는 음악을 들은 이들에게 어떤 찬송가의 멜로디 같은지 이름을 물었다. 물론 그 누구도 대답할 수 없었다.

나는 실망하는 척하면서 말했다.

> 나는 여러분이 교회의 찬송가에 그렇게 익숙하지 않다는 것에 매우 놀랐습니다. 음, 글쎄요. 이 음악은 바로 "나 같은 죄인 살리신"(*Amazing Grace*, 새찬송가

305장)이었어요... 그런데, 사실을 고백하자면 악보를 순서대로 연주하지 않았어요!

이제 여러분은 다음과 같이 말할 것입니다.

"악보를 순서대로 연주하지 않고서 '나 같은 죄인 살리신'은 고사하고 감히 우리가 무엇을 할 수 있다는 말인가요?"

알다시피 해당 찬송가는 35개의 음으로, 6개의 도(C), 3개의 레(D), 11개의 파(F) 등으로 이루어져 있습니다. 누군가는 이를 합쳐서 다른 순서로 배열해서 다른 노래로 작곡할 수 있을 것입니다. 그래서 저는 정확히 35개의 같은 음을 다른 배열로 나열하여 전혀 다른 노래를 작곡하기로 결심했습니다. 그리고 그 곡을 "언어메이징 그레이스"(*Unamazing Grace*)로 이름 붙이고 연주할 것입니다.

그리고 나는 새 노래를 연주했고, 다음과 같이 말했다.

"나 같은 죄인 살리신"의 올바른 연주 순서에 대해 내가 알고 있는지를 한번 생각해 보세요.

그런 다음, 우리가 음의 순서를 바꾸어서 연주하면 다른 곡을 연주하는 것이라는 사실을 분명히 하기 위해 재즈 방식으로 그 찬송가를 연주했다.

이처럼 우리가 설교단에서 쓰는 단어의 순서를 바꾼다면, 설교 또한 달라질 것이다. 크레독은 다음과 같이 분명히 말했다.

> 어떻게 설교하느냐의 문제는 곧 무엇을 설교하느냐
> 의 문제로 확장된다.[8]

크레독과 비슷하게 씨아르디(Ciardi)와 윌리엄스(Williams)는 『시가 의미하는 것이 무엇인가?』(*How Does a Poem Mean?*)에서 "의미하는 방식이, 곧 의미하는 바가 된다"[9]고 했다.

대부분의 경우, 설교를 어떻게 하느냐의 문제는 시간의 흐름(temporal sequence)을 어떻게 결정하느냐에 달려있다(설교

---

8 Fred Craddock, *As One Without Authority* (Enid, Okla: The Philips University Press, 1971), 52.
9 John Ciardi and Miller Williams, *How Does a Poem Mean?* (Boston: Houghton Mifflin Company, 1975), 6.

의 형식이라는 또 다른 분야는 언어 선택과 관련 있는 분야로, 이는 다음 장에서 살펴볼 것이다).

모든 것을 한순간(all-at-once)의 정적으로 나타내는 형식과 (예를 들어, 그림이나 조각) 차례차례(moment by moment)로 나타내는 형식(예를 들어, 음악과 설교)의 영역은 왜 설교 이론에서 차지하는 비중이 적은가?

데이비스 이론의 명확하고 심오한 측면들을 어떻게 하면 우리의 작업의 주변부로 옮겨가도록 할 수 있을까?

내가 믿기로는, 바로 언어의 정의에 대한 혼란과 관련이 있다고 생각한다. 고백하건대, 나는 더 많은 선택의 여지들이 있었지만, 십수 년 전부터 여러 책을 통해 "내러티브 설교"(narrative preaching)라는 관점을 표명하고 주창해왔다.

여기에 대해서 데이비스는 일반적인 관점에서 볼 때, 설교가 한순간(all at once)에 나타나는 것이라기보다는 시간의 흐름(temporal sequence)에 따라서 일어나는 다양한 예술적인 표현 양태들 중 하나로 설명해왔다. 설교에 존재하는 시간의 흐름이라는 기본적인 사실은 바로 내러티브 예술의 표현 중 하나이다.

그렇다면, 이 주제를 다르게 생각할 가능성은 존재하는가?

나는 내러티브(narrative)와 이야기(story)의 용어의 차이와 관련한 혼란으로 인해 이러한 일이 일어났다고 생각한다. 오랫동안 나는 이 두 용어가 동의어로 여겨지는 사실과 싸워왔다. 이러한 문제는 "라이먼 비쳐 강좌"와 "윌리엄 셀프 강좌"를 준비하는 과정에서 더욱 명확해졌다. 이것은 아마도 의도했던 것은 아니겠지만, 동료인 토머스 롱(Thomas Long)이 이러한 이슈에 대해 명확히 발표한 바 있다. 롱은 두 강좌에서 나보다 앞서 설교를 주제로 발표했다. 그 이슈는 롱의 두 강연의 첫 번째 이슈로 등장했다.

1) 내러티브와 이야기: 두 용어 구분하기

예일대학교와 머서대학교, 두 곳에서 진행되었던 롱(Long)의 첫 강좌의 자료들은 『기억에서 희망으로의 설교』(*Preaching from Memory to Hope*)라는 이름으로 출판되었다. 첫 번째 장의 두 번째 페이지에서 개막강연으로 그는 "내러티브 설교의 성장"(The Rise of Narrative Preaching)이라는 주제를 다루었다.[10]

10　Thomas G. Long, *Preaching from Memory to Hope* (Louisville: Westminster John Knox Press, 2009), 2.

그 다음 장에서 그는 내러티브 설교와 관련된 핵심적인 세 저자들을 논했다.

첫 번째로 선택된 학자가 그래디 데이비스이다. 롱(Long)은 데이비스의 주장을 다음과 같이 적고 있다.

> 더 이상 설교자는 설교를 논리정연한 요점에 따르는 교훈적인 주장이 아니라, 살아있는 유기체처럼 움직이고 역동적이며, 성장하는 것으로 생각해야 한다. 다시 말하면, 설교자는 설교를 일종의 법적 신념이라기보다는 짧은 이야기와 같은 것으로 생각해야 한다.[11]

롱(Long)은 다음과 같이 증언하고 있다.

> 그(데이비스)의 책은 마치 신선한 산들바람처럼 느껴졌으며 지난 15년 동안 미국의 신학대학들에서 가장 인기 있는 신학서적이었다.[12]

---

11 Ibid., 3.
12 Ibid.

두 번째로 서술된 사람은 바로 프레드 크레독(Fred Craddock)이다. 롱(Long)은 크레독의 대표적인 저서인 『권위 없는 자처럼』(*As One Without Authority*)을 "오늘날 설교에 있어 가장 영향력 있는 연구서"라고 부르며, 다음과 같이 평가했다.

> 흥미있고, 귀납적이고, 내러티브를 발견한 설교를 위해, 하향식의 전달과 연역적인 방식, 그리고 '오늘 아침 우리에게 주시는 메시지는'으로 시작하는 설교를 버릴 것을 요구했다.[13]

물론, 롱(Long)은 크레독이 1978년 "라이먼 비쳐 강좌"에서 행한 개막강연 "복음 엿듣기"(Overhearing the Gospel)에서 키에르케고르에 대해 집중적으로 논했음을 언급했다.

세 번째로 롱(Long)은 3쪽에서 필자(라우리)에 대해 다음과 같이 논한다.

> 1980년대, 설교에 있어서 또 다른 스승은 유진 라우

---

13 Ibid.

리로, 그는 『이야기식 설교구성』이라는 전 세계적으로 가장 영향력 있고 널리 읽히는 책을 출간했다.[14]

나는 그 문장의 마지막 부분을 읽을 때까지, 데이비스와 크레독과 같은 페이지에 언급되었다는 사실에 흥분했다. 내용은 다음과 같다.

> 『이야기식 설교구성』에서는 다음과 같이 주장한다 (내가 제대로 읽었나? "그 책이 주장하기를?" 앞에 문젯거리가 있는 것처럼 들리는데[15]). 설교를 통해서 청중이 진정으로 얻어야 할 것은 정보에 대한 습득이 아니라 모호함의 해결이다.
> 따라서 좋은 설교는 모호함을 불러일으키고 그것을 해결하는 것으로, 갈등의 시작부터 절정으로 그리고 대단원에 이르기까지 연속적으로 움직여가는 내러

---

14 Ibid., 3.
15 본서의 필자인 라우리는 토마스 롱의 자신에 대한 평가와 해설 부분에서 "내가 잘 읽은 것인지? 그 내용이 주장이었는지? 문제가 있는 것처럼 들린다"는 의미로 자신의 느낌을 짤막하면서도 유머러스하게 표현하고 있다-역주.

티브의 구조를 갖춘 것이라고 주장했다.¹⁶

실제로, 문장의 마지막 부분은 맞다. 그러나 내가 개념들을 다루는 데 정말 관심이 없는 것처럼 들리는 것은 문제일 수 있다. 사실 롱(Long)의 언급은 윌리엄 윌리몬(William H. Willimon)과 리차드 리셔(Richard Lischer)가『설교핵심사전』(*Concise Encyclopedia of Preaching*)의 "내러티브 설교"(Narrative Preaching) 섹션을 써달라고 내게 부탁했을 때 내가 썼던 문장을 떠올리게 했다. 내가 썼던 글은 다음과 같이 시작한다.

> 이야기 설교(narrative sermon)는 설교자가 전달하고자 하는 의미를 지연시키는 전략을 포함하고, 여러 개념들의 배열(arrangement of ideas)이 플롯의 형식을 만드는 설교이다.¹⁷

나는 여전히 이것이 좋은 설교를 위한 운영 목표를 분명히

---

16 Thomas G. Long, *Preaching from Memory to Hope*, 3.
17 William H. Willimon and Richard Lischer, eds. *Concise Encyclopedia of Preaching* (Louisville: Westminster John Knox Press, 1995), 342.

정의한 것이라고 생각한다. "개념들의 배열"(arrangement of ideas)이라는 구절은 수년간, 심지어 십수 년간 나의 확신을 반영하는 것이다. 즉, 주어진 개념들의 연결 뿐만 아니라, 더욱 중요한 것은 여러 개념들을 서로 연결하여 설교 전달을 최대화하는 데 도움이 되도록 의도적으로 준비된 것이다(이야기 설교의 두 번째 차원에 대한 전략적 측면은 그 다음에 탐색할 것이다). 나는 "라이먼 비처 강좌"와 "윌리엄 셀프 강좌"에서 발표된 롱(Long)의 글 4쪽을 보았다.

해당 페이지의 맨 위에서 롱(Long)은 편집자인 스타이믈(Steimle), 니덴탈(Niedenthal), 라이스(Rice)를 언급하며 또 다른 이론을 언급했다. 그는 다음 질문의 답에서 이야기 설교(narrative sermon)에 대한 정의를 내리고 있다.

> 설교를 구성하는 방식, 형태, 내용에 대한 적절한 이미지가 있을까?
> 우리가 설교를 한 단어 또는 두 단어로 말해야 하거나 그림으로 표현해야 한다면, 설교를 무엇이라 말할 수 있으며, 어떻게 잘 표현할 수 있으며 그리고 어떤 구절이나 그림이 될 수 있을까?...

우리는 스토리텔러(storyteller)에 대해 고려해보자...
만약 우리가 기독교 신앙과 삶이 무엇인지 말해야
한다면, 우리는 그것이 이야기를 듣고, 말하고, 살아
내는 것이라는 정의만큼 적절한 말은 없을 것이다.
만약 우리가 설교에 대해 짧은 정의를 내리기를 요
청받는다면, 우리는 공유된 이야기(shared story)라는
정의보다 더 적절한 말로 정의 내리기는 어려울 것
이다."[18]

위의 구절을 읽으며 나는 질문을 스스로에게 던졌다.
"여기에서 무슨 일이 벌어지고 있는가?"

나는 단지 우리가 주제를 바꾼 것이라고 결론을 내렸다. 글을 읽는 동안 나는 내가 틀렸기를 바랬다. 그러나 롱(Long)은 "끝없는" 다양함에 대해서 말하지만, "좋은 설교는 그것은 어떻게든 **이야기**(story)가 형성되고, **이야기**가 스며들고, **이야기**가 이끌어간다는 개념의 평가"[19]가 전부였다.

---

18 Thomas G. Long, *Preaching from Memory to Hope*, 4.
19 Ibid.

이제 내러티브가 이야기[20]라는 용어로 전환되었다면, 우리는 완전히 서로 다른 페이지를 보고 있으며, 다르게 정의된 주제를 고려하고 있음에 틀림없다.

누군가 다음과 같이 말할 수 있다.

> 자, 조금만 기다려보세요. 그는 이야기(story)라는 용어를 쓰고 있지만, 당신은 내러티브(narrative)라는 용어를 쓰고 있군요. 그것은 동일한 용어에요, 그렇지 않아요?

그러나 아니다. 그것은 전혀 동일한 용어가 아니다. 주제가 다소 바뀌었다. 사실, 이야기와 내러티브는 중복된 영역들이 존재한다. 따라서 이 둘은 완전히 동떨어진 별개의 것이 아니라 중복된 부분을 공유한다. 만약 좀 더 주의 깊게 살펴보지 않으면, 큰 범주의 용어가 작은 범주의 용어에 예속될 수 있는데, 특히 내러티브가 이야기에 포함될 가능성이 있다.

---

20 토마스 롱이 "이야기 설교"(narrative sermon)와 "내러티브 설교"(narrative preaching)에 대한 설명을 구별해서 하고 있는 것에 대해 라우리의 설명이 첨가된 부분이다-역주.

내가 말하고자 하는 것을 비유를 통해 설명하면 도움이 될 것이다. 나는 종종 나의 학생들에게 그들이 단어를 듣고, 마음에서 떠오르는 첫 단어, 곧 한 단어로 말해보도록 요청할 때가 있다. 이런 경우에 잘못된 답은 없다. 중요한 것은 가능한 넓은 의미를 포괄할 수 있도록 느끼게 하는 것이다. 의술(medicine)이란 단어를 생각해보자.

즉각적인 반응으로, 나는 "처방전"이란 단어에서 "의료 행위"라는 또 다른 측면의 의미까지 떠올린 적이 있다. 그리고 또 다른 반응들로는 "우웩,"[21] "의학," "의사," "병," "치유"와 같은 단어들도 생각해 볼 수 있다. 사전에서 의술(medicine)이라는 단어를 찾아본다면, 가장 단순한 정의에서부터 매우 광범위한 영역에 이르기까지 그 설명은 다양할 것이다.

약에 대한 첫 번째 사전적인 설명은 "병을 치료할 때 복용하는 물질"로 정의된다. 그러나 그 설명은 이러한 차원에서만 끝나지 않는다. 더 넓은 정의로는 "건강을 회복하거나 유지하기 위한 과학 또는 기술"이나 "의료 행위"로도 설명할 수 있을 것이다. 즉, 의술(medicine)에 대한 설명은 한마디로는 정의할

---

21 병원이나 약을 생각할 때 무의식적으로 뱉게 되는 역겨운 소리로 표현한 의성어이다-역주.

수 없는 매우 넓은 범주의 의미를 가지고 있다.[22]

지금부터 의술이라는 용어를 사용할 때의 암묵적 합의를 가정해보라. 거기에는 "병을 치료할 때 복용하는 물질" 또는 단지 "처방전"의 의미가 부여된다. 그 외에는 다른 의미는 없다고 가정하자.

그런데 누가 이러한 무조건적으로 명문화된 규정에 동의할 수 있단 말인가?

아무도 그럴 수 없다! 넓은 범주의 의미를 제한하기에는 너무나 광범위하다. 사실, 처방전이라는 의미의 경우 그 선택은 아주 작은 선택의 영역이며, 이것은 해당 의미가 지닐 수 있는 다양한 가능성에서 아주 작은 부분만을 차지할 뿐이다. 이것은 의술이라는 분야에서 아주 작은 하위 범주에 불과할 뿐인 것이다. 실제로 일부의 의사들은 약물을 처방하지 않는데, 이는 실제 약품 분과에서 그들에게 이것을 요구하지 않기 때문이다. 의술이라는 뜻을 의학의 하위 범주인 처방이라는 한 가지 의미로만 규정할 경우에, 단순히 해당 범주를 축소하는 것이 아니라 광범위한 의미 자체를 소멸시키게 될 것이다.

---

22   Jess Stein, ed., *The Random House Dictionary of the English Language,* Unabridged Edition (New York: Random House, 1967), 890.

이런 문제는 내러티브와 이야기의 의미를 고려할 때의 쟁점과 정확하게 일치한다. 기능적 차원에서 내러티브 설교의 가장 적절한 의미가 무엇인가 하는 문제와 관련되어 있다.

첫째 정의는 내러티브의 의미를 앞서 언급한 사전에서 찾아보면 우선 "이야기처럼(like a story) 서술된 것"이라는 뜻을 발견할 것이다. 여기에 관사(a나 the)가 포함되면 더욱 그렇다. 그러나 더 많은 정의들이 더 넓은 문제에 투영된다.

둘째 정의는 "서술에 관한 예술이나 기술"이 있으며 동의어로는 플롯, 형태, 움직임, 펼쳐진 양식 등이 있다.

셋째 정의는 형용사/부사를 사용한 것으로 "내러티브의 발표, 내러티브의 기술, 내러티브로서 역사" 등이 있는데, 이는 앞선 두 번째의 뜻인 "서술에 관한 예술이나 기술"과 관계가 있다고 볼 수 있다. 곧 의미의 범주는 넓다. 적용의 문제는 당신이 내러티브를 **사례**로서 혹은 **형태**나 **형식**으로 의미하느냐에 달려있다.

의술(medicine)이라는 용어의 경우처럼 내러티브라는 용어의 뜻 또한 그 범주가 넓다. 여기서 이야기는 하나의 하위 범주가 된다. 곧, 두 용어를 동의어로 간주할 경우, 더 큰 뜻의 의미인 내러티브가 하위 범주인 이야기에 포함되면서 의미가 상실된다.

롱(Long)의 강연와 그 강연의 출판물로 인해 생겨난 혼란은 지속되고 있다. 『기억에서 희망으로의 설교』(*Preaching from Memory to Hope*)를 읽은 독자는 아마도 7쪽에 나오는 "내러티브 설교가 당면한 비판"[23]이라는 표제와 "이것은 철학자들과 보수, 중도, 진보를 비롯한 다양한 계층의 사람들로부터 번져 나가고 있다"는 언급을 곧바로 발견할 수 있을 것이다. 그러나 우리는 그가 어떻게 그 비판을 정의하고 있는지에 대해서도 살펴보아야 한다.

> 신학적으로 보수적인 계열에서는 목회적 실천의 수준에 대해 가장 날카롭게 비판했다. 이야기(stories)를 말하는 형식의 설교는 사람들의 마음을 편안하게 하고 찬양대를 즐겁게 해줄지언정 그리스도의 몸으로서 확장된 교회를 세우지는 못한다는 것이다.
> 중도적인 계열에서는 교육적 측면에서 비판을 한다. 이야기(stories)를 말하는 형식의 설교는 신학적 지식

---

23 Thomas G. Long, *Preaching from Memory to Hope*, 7.

이 이미 있는 상태에서는 잠재력을 끌어낼 수 있으나, 신학적 지식이 없는 상태에서는 아무런 지식도 제공할 수 없다고 보는 것이다.

진보적인 계열에서는 윤리적인 문제를 제시한다. 스토리텔링은 다른 사람의 다양한 경험 위에 독단적 세계를 강압적으로 강요하는 것이다.[24]

그런 다음 롱(Long)은 결론을 내린다.

전체 스토리텔링의 활동을 지탱하고 있는 윤리학과 인류학에 대한 전제야말로 철학적으로 가장 중요한 것이다.[25]

그러나 사실상, 어떻게 내러티브의 범주가 붕괴되어 더 작은 범주인 이야기의 범주에 예속되었는지에 대해 주목해야 한다. 나는 의도적인 전략에 의해서가 아니라, 어쩌다가 의도치 않게 일어난 것으로 보고 있다.

---

24 Ibid., 12.
25 Ibid.

또한 내러티브와 이야기의 차이를 구분하지 않은 사람이 롱(Long)만 있는 것은 아니다. 그 외에도 리차드 리셔(Richard Lischer), 찰스 캠벨(Charles Campbell), 존 맥클루어(John McClure) 등이 있다.

주목할 것은 데이비스, 크레독, 혹은 나를 언급한다면, 그 용어의 의미는 매우 명확해진다는 점이다. 우리 세 사람은 내러티브를 서사(narration)의 양식이나 형태로 정의한다.

데이비스는 "효과적인 설교의 구상은 시간 안에서의 움직임"[26]이라고 말했다. 그가 언급한 "시간 안에서의 움직임"의 구상 중 한 가지는 이야기의 선택이다. 그러나 그것은 그가 논했던 다섯 가지 "유기체적 유형" 중 하나에 불과하다.

몇 년 전 크레독은 자신이 이해한 이야기 설교(narrative sermon)에 대해 설명했다.

> 어떤 사람들은 이야기 설교는 단지 하나의 긴 이야기를 이루고 있을 것이라고 생각한다. 이것이 가능할 수는 있으나, 사실 말도 안 되는 것이다. 또 다른

---

26 Henry Grady Davis, *Design for Preaching*, 163.

> 사람들은 이야기 설교를 처음부터 끝까지 그림과 이야기로 가득 찬 것으로 보기도 한다. 이 또한 말이 안 된다. 실제로 당신은 이야기를 하나도 포함하지 않는 이야기 설교를 할 수 있다.[27]

나는 이야기 설교와 내러티브 설교라는 용어를 공식적으로 쓸 때, 이를 설교적 플롯의 형태를 취하는 개념들의 배열이라고 말한다.

예수님의 비유들은 서사적이거나 이야기가 명백하기 때문에, 이야기는 이야기 설교로 쉽게 만들어질 수 있다. 어떤 사람이 본문을 다룰 때, 본문 자체가 이야기의 형태가 아니지만 점차 체계적이고 효율적으로 이야기 설교의 형태, 곧 플롯의 형태로 발전시킬 수 있다. 나는 매순간 인간의 목소리를 매개로 발생하는 개념의 배열(arrangement of ideas)에 대해 논하고 있다. 신기하게도 25년 전 롱(Long)은 그의 논문에서 다음과 같이 말했다.

---

27 플로리다의 루터교 교단총회 석상의 설교에서 한 내용이다-역주.

설교에 항상 이야기(stories)가 포함되어 있지 않더라도 언제나 연속적이고 역동적인 요소들인 패턴과 플롯이 있어야 한다.[28]

내게는 1983년에 기술된 롱의 주장은 정확한 것으로 보인다. 근래에 들어, 크레독은 내러티브 설교에 대해 다음과 같이 말하고 있다.

내러티브 설교의 문제는... 설교의 요소가 될 수도, 되지 않을 수도 있는 이야기들(stories)에 관한 것이 아니다... 내러티브는 갈등에서 해결로, 모호함에서 명확함으로, '무엇일 것 같으냐?'에서 '이것이다'로, 죄책감에서 은혜로, 죽음에서 삶으로 향해간다. 곧 내러티브라는 말은 그저 설교의 한 측면이 아니라 설교의 이동이나 형태에 관한 것이다. 내러티브

---

28 Thomas Long, "Plotting the Text's Claim Upon Us," in Don M. Wardlaw, ed., *Preaching Biblically* (Philadelphia: The Westminster Press, 1983), 87.

는 부분이 아니라, 전체를 그려낸다.[29]

따라서, 음악가가 시간을 따라 내러티브 형태로 연주하듯, 설교자도 내러티브의 원칙에 입각한 사건의 순서에 따라 단어들을 전달한다. 우리는 단어들을 시간에 따라 연주하고, 시간에 따라 속삭이며, 시간을 활성화시키고 또 전환시키기도 한다. 매주일마다, 몇 번이고 반복하여, 리듬에 맞추어서 이 일들은 지속된다.

이러한 과정에 주목하면서, 우리는 설교에 있어서 온전한 시간의 사실성, 곧 내러티브의 원칙에 입각한 세 단계 가운데 첫 단계에 초점을 맞추어 왔다. 따라서 이제는 자연스럽게 다음 질문으로 넘어가게 된다.

어떻게, 왜, 그리고 무엇과 함께할 때 이것이 효과적일 수 있을까?

이제 우리는 설교의 서사성(preaching's narrativity)의 두 번째 단계에 관심을 가져보려고 한다.

29　Fred Craddock, "Story, Narrative, and Metanarrative," in Mike Graves and David J. Schlafer, eds., *What's the Shape of Narrative Preaching?* (St. Louis: Chalice Press, 2008), 88.

2. 두 번째 차원: 전략적 목표로서의 내러티브

우리가 설교의 핵심 범주로 시간의 흐름을 사용할 때, 적절한 첫 번째 질문은 바로 주어진 시간을 어떻게 최선으로 사용할 것인가이다.

그러기 위해 어떤 전략이 가장 효과적이며, 어떻게 잠재적인 요소들을 효과적으로 활용할 것인가?

만약 당신이 가수라고 한다면 노래를 잘 부르는 것이 그 답이 될 것이다.

설교자의 경우, 이 과정에서 어떻게 자신의 목적을 극대화시킬 수 있을까?

크레독은 설교자가 가지는 "목표는 무언가를 말하는 것이 아니라 무언가를 듣는 것"[30]이라고 했다.

과거 캠브리지대학교(Cambridge University)에서 재직했었고 지금은 듀크대학교(Duke University)에서 가르치는 제레미 벡비(Jeremy Begbie) 교수의 최근 연구에 나는 매혹되었다. 그는 재능이 넘치는 사람이다. 그는 피아노 연주자인 동시에 오

---

30 Fred Craddock, *Preaching* (Nashville: Abingdon Press, 1985), 167.

보에(Oboe) 연주자이며, 지휘자이기도 하다. 그리고 그는 신학자로서 최근에 발간된 『음악과 시간의 신학』(*Theology Music and Time*)의 저자이기도 하다.

벡비는 음악이 **긴장**과 **해결**의 두 가지 요소를 포함하고 있으며, 다양한 형식으로 일어난다고 말한다.

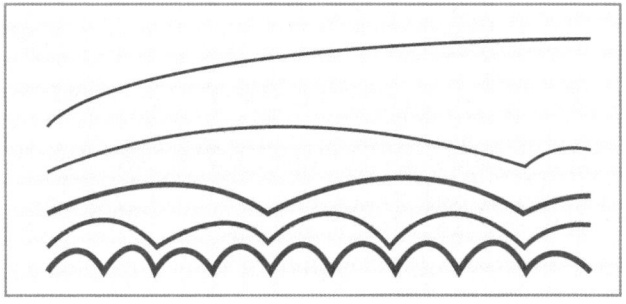

벡비는 위의 그림처럼 작은 선 위에 굴곡, 그리고 아래의 선보다 더 크고 더 넓은 선의 굴곡 등을 예로 들면서 설명했다. 긴장/해결이 발생하는 시점은 시간의 길이가 짧은 점과 보다 긴 시간의 길이를 가진 선의 꼭대기 지점에서 발생한다고 보았다. 최종적으로 하나의 긴장/해결 과정은 적절한 음악 행위(event) 전체를 대표한다. 요컨대, 긴장에서 해결로 가는

다양한 움직임들은 각각 다른 시간에 나타난다.[31]

1) 긴장과 해결의 내러티브 전략

벡비는 긴장(tension)이라는 용어가 부정적인 뜻이 아니라고 분명하게 말한다. 오히려 긴장은 "결정적 기대"(crucial anticipation)와 관계가 있다. 실제로 "중요한 것들은 그 자리에 그대로 방치될 수 없다."[32] 사실상, 그는 기대란 말이 로마서 8장에서 바울이 언급했던 "미리 맛보기"(foretaste)의 비유처럼 음악적 "중간기"를 만들어낸다고 보았다.[33] 그는 음악적으로 지연되는 것을 통해, "약속과 성취"[34]라는 긴장부터 해결까지의 신학적인 단계를 만들어낸다고 보았다. 이것이야말로 신학적인 뿌리를 가진 내러티브 전략이다.

벡비의 작업 중 가장 관심이 가는 부분은 바로 음악적인 구성과 즉흥(improvisation)에 대한 명백한 차이를 구분한 것

---

31 제시된 그림은 제레미 S. 벡비(Jeremy S. Begbie) 교수의 것이다. Jeremy S. Begbie, *Theology, Music and Time* (Cambridge: Cambridge University Press, 2000), 161.
32 Ibid., 30.
33 Ibid., 104.
34 Ibid., 106.

이다. 그는 강한 확신을 가지고, 이 둘의 차이점에 대하여 다음과 같이 언급했다.

> 서구에서 작곡된 음악은 어디론가 떠났다가 저 멀리서 돌아온 작곡가가 그곳이 어땠는지 최선을 다해 우리에게 뭔가를 말해주는 여행과 같다. 그 여행은 매우 긴 여행으로 고되고 매력적이어서, 우리에겐 흥분되고, 마음이 감동되고, 재미있기까지 하다. 그러나 우리는 그 경험 속으로 완전히 들어갈 수는 없다. 그 이유는 그 경험이 이미 종결된 것으로 우리가 그 음악을 듣기 전에 그는 이미 편안하게 집으로 돌아왔기 때문이다 . . . 하지만, 즉흥음악의 경우 음악가는 그와 함께 탐험의 여정 속으로 우리를 끌어들인다."

이와 같은 심오한 통찰은 나의 경우 재즈의 경험과 아주 유사하고, 흥미진진하게 나를 일깨웠다.

캔자스라는 위대한 재즈의 도시에 사는 것은 전국적으로 유명한 재즈 음악가들의 음악을 들을 수 있는 행운이자 특권이다. 하지만 이따금씩 나는 특히 훌륭한 몇몇 그룹의 음악을 듣는 것이 힘들었는데, 그 이유는 그들이 점차 흔히 말하는 "경직된" 그룹이 되어갔기 때문이다. 그들의 음악이 더 이상 즉흥적이지 않다는 것이 문제였다.

다시 계속되는 공연들을 시작하기 위해서, 한 달 전쯤 혹은 세 달 전쯤에 들었던 같은 리프(riffs: 재즈나 대중 음악 등에서 사용되는 반복 악절-역주) 연주를 듣기 시작했다. 당연히, 그 곡은 더욱 아름답게 연주된 듯했으나 재즈의 가장 특징적 요소인 즉흥적인 요소는 빠져 있었다. 곡의 초반에서 음악가들이 함께 자신들의 연주를 시작할 때에, 눈빛을 주고받으며 앞뒤를 살폈다. 자신이 반응할 순간을 듣고자 순서를 기다리면서 서로의 약점을 공유하고 주고받았다. 혼란스러운 위기를 이겨내면서 연주가 진행되었다(한 캔자스의 음악가는 "절벽에서 떨어지는 듯한" 즉흥성의 위험에 대하여 말했다).

그 시간들은 흥미진진했으며 음악은 황홀했다. 음악이 연주되고 또 연주되면서, 훌륭함과 동시에 "조금 묘한 분위기"를 연출했다. 그러나 더 이상 숨이 멎을 정도로는 아니었다. 마지막 연주는 이전의 경험들을 "그대로 복제"한 작곡으로 지금은 "옛것"이 되어 감동이 많이 줄어들었다. 이제, 더 이상 재즈가 아니다. 거기에는 **즉흥성과 기억** 사이에, **자발적인 창의성과 근육의기억**(muscle-memory) 사이에는 새로움이 없었다.

다시 설교에 관한 주제로 옮겨가겠다. 주일 예배 시간에 즉흥적인 요청에 반응할 수 있는 아프리카계 미국인 설교자와 토요일 설교 연구로 인해 즉흥성도 멈추고 화술 능력도 다소 떨어진 유럽계 미국인 설교자 사이의 내러티브 능력의 상대적 차이를 발견하는 것은 그리 어려운 일이 아니다(모든 것은 동등한 조건에서). 설교를 준비할 때, 내적 즉흥성이 없이 준비하는 설교자는 내러티브 능력도 떨어진다(다시 말하건대, 그 외의 모든 조건은 동등하다).

그리고 설교 준비 과정에서 침묵하면서 준비하거나 원고에 너무 몰입한 나머지 설교에서 전달의 중요성을 약화시키는 설교자의 영향력은 더욱 축소된다.

그럼에도 불구하고, 설교자가 어떤 설교 스타일이건 간에 **긴장**에서 **해결**로 나아가는 전략을 사용하게 되면, 설교에서 결단을 요구하며 쓰이는 표현, 곧 **그러므로, 당연히, 해야만 하는** 등의 표현을 쓰는 것보다 설교는 훨씬 더 강력해진다.

나는 프랭크 커모드[35](Frank Kermode)의 "똑딱똑딱" 비유에서, "똑" 다음에 이어지는 기계적 침묵과 대조적으로 그는 "딱" 다음에 이어지는 침묵을 "희미한 묵시"(feeble apocalypse)라고 했던 것을 떠올리게 된다(나는 벽난로 위에 놓인 할아버지의 커다란 마호가니 시계의 "똑"과 "딱"을 반대로 바꾸려 했던 한 어린아이를 기억하고 있는데, 그 모습은 신호를 바꾸기 위해 하나님이 어떻게라도 해 주시기를 고대하는 것처럼 보였다).

폴 스캇 윌슨(Paul Scott Wilson)은 긴장에서 해결로 이어지는 주제에 대해, 설교를 율법에서 복음으로 결정적으로 전환시켜가는 병렬 구조에 대한 이해를 포괄하고 있다. 버트릭의 플롯 모델의 시스템도 긴장에서 해결이라는 동일한 움직임을 활용한다.

전통적으로 연역적 방식에 대한 위대한 설교자인 해돈 로빈슨(Haddon Robinson)은 설교의 도입부뿐만 아니라 모든 지

---

35 문학평론가이면서 캠브리지대학교 영문학과 교수인 프랭크 커모드는 시계가 "똑딱"한다고 말할 때, 두 개의 물리적으로 동일한 소리를 구별하여 "똑"을 시작으로 삼아 "딱"으로 끝냄으로써 시계소리에다 허구적인 구조를 부여한다는 것에 주목했다. 시계의 똑딱 소리를 가지고 커모드는 우리가 흔히 플롯이라고 부르는, 즉 시간에다 형식을 부여함으로써 시간을 인간화시키는 구성물의 한 모델로 여겼다-역주.

점에서 긴장이 제시되어야 한다고 보았으며, "당신이 긴장을 잃은 순간 설교는 끝난 것입니다"[36]라고 주장했다. 이 같은 설교의 특징에 대하여 프레드릭 뷰크너(Frederick Buechner)는 "복음은 복된 소식이기 이전에 나쁜 소식이다"[37]라고 말했다.

내가 단지 설교를 하는 방식에 대해서만 말하고자 하는 것은 아니라는 사실을 이해하기 바란다. 일부 학자들은 최근의 설교 형태에 대해 언급하면서 "우리는 설교의 진행 과정과 그 형식에 대해 조금이라도 휴식기를 가질 필요가 있습니다. 지금은 다시 본질로 돌아갈 때입니다"라고 말하기도 한다.

어쩌면 조금 터무니없이 들리겠지만, 우리는 지금 여기에서 설교의 본질에 대해 이야기하고 있다. 만약 여러분이 특징도 없고 내용도 빈약한 설교를 계속하고자 한다면 절대로 질문을 해서는 안 될 것이며, 문제가 밖으로 드러나게 하지도 말아야 할 것이다. 다만 긴장은 피하고 권고와 훈계만을 더하면 될 것이다.

성경적/신학적 깊이의 가능성을 극대화시킨다는 것은 단

---

36 Haddon Robinson, Audio Workshop Interview, Preaching Today. com.
37 Fredrick Buechner, *Telling the Truth* (New York: Harper & Row, 1977), 7.

순한 훈계와 재미없는 교훈들을 설교에서 몰아내는 것이다. 이러한 본문 연구는 복음뿐만 아니라 회중을 사로잡는 긴장/해결 구조를 찾는 데 핵심이다.

벡비는 이 같은 상황에서 "지향적이고, 안정과 종결을 향해 움직인다는 것을 느낄 수 있다"[38]고 말했다. 전략적 법칙으로서의 내러티브에 관한 문제는 "설교가 어떤 형식으로 보이는가"와 같은 개념으로 축소되는 것이 아니다. 이것은 참여의 깊이를 지속적으로 향상시키면서 움직여 가는 것이다.

크레독은 자신의 첫 번째 설교학 저서에서 설교자들이 회중에 대한 반응과 함께 설교를 시작하지 않는 것에 대하여 경고한 바 있다. 첫 번째 책에서 그는 귀납법과 연역법이라는 용어를 사용했으며, 성서적 주해가 그 자체로 귀납적인 접근 과정임을 주지해야 한다고 말했다. 비록 이후의 그의 저서에서는 귀납법이란 단어를 지속적으로 쓰지는 않았으나, **기대, 예측, 놀라움**이라는 단어들의 바탕에 깔린 원칙에는 지속적으로 초점을 맞추고 있다.

크레독의 설교 전략에 대한 관심은 자신의 세 번째 저서

---

38 Jeremy S. Begbie, *Theology, Music and Time*, 38.

『설교』(*Preaching*)에서 가장 강조되는데, 그는 "인간 삶에 있어서 기대가 가져다주는 결정적 역할을 과대평가해도 지나치지 않다"[39]라고 주장했다. 또 다음과 같이 말했다.

> 설교자는 기대의 역동성을 이해함으로써 설교 초반에 회중의 약속과 관련된 기대를 만들어가도록 설교를 구상해야 한다. 그러나 회중이 설교 메시지에 충분히 참여할 때까지는 그 약속이 이루어지는 것을 지연시켜야 할 것이다. 무엇보다 이러한 모든 것들은 한 가지 관점으로 귀결되는데, 회중들의 행동과 태도의 변화라는 반응을 향해 움직여 가는 것이다.[40]

한편, 월터 브루그만(Walter Brueggemann)은 "안정된 현실을 깨뜨리고 새로운 가능성으로 듣는 청중을 일깨우는 목소리를 들려주는 시인이나 선지자"[41]에 관해 말하고 있다. 이 문

---

39 Fred Craddock, *Preaching*, 166.
40 Ibid.
41 Walter Brueggemann, *Finally Comes the Poet* (Minneapolis: Fortress Press, 1989), 4.

장에 있는 **긴장**과 **해결**의 순서를 주목("깨뜨리고"에서 "일깨우는"까지)해야 한다. 그는 놀라울 정도의 예리함을 가지고, "안정된 우리의 '진실들'을 와해시키고 새로움의 선물과 변화[42]를 위한 길을 여는... 연설"에 초점을 맞추고 있다. 사실, 1989년 그의 "라이먼 비처 강좌"를 통해 출판된 그의 책 서두에서, 긴장/해결에 관한 반복구를 언급한다.

* 마비와 아픔: 낯선 치유[43]
* 소외와 분노: 영광스런 교제로의 이상한 초대[44]
* 동요와 탐욕: 순종과 선교적 비전[45]
* 저항과 포기: 자유를 위한 허용[46]

실제로, 긴장/해결은 음악에 있어 가장 기초적인 것이자 소설을 엮어가는 가교이며, 아리스토텔레스적 비극의 공식으로서 설교에서 움직임의 핵심이다. 나는 이것을 "가려운 상태

---

42 Ibid., 5.
43 Ibid., 13.
44 Ibid., 43.
45 Ibid., 79.
46 Ibid., 111.

에서 긁어주는 행동으로 옮겨간다"고 부른다. 그러나 우리는 "가려운 상태에서 긁어주는 행동으로 옮겨간다"고 한 의미에 대해 매우 조심스럽게 생각할 필요가 있다.

나는 지금 성도들이 주일 오전 예배당으로 들어갈 때 느끼는 영적인 가려움에 대해 말하고 있는 것이 아닙니다. 말 그대로 본문 그 자체와 관련된 가려움에 대해 말하고 있다. 그 이유는 지금은 설교 준비에 대해서 가르치고 있기 때문이다. 나는 설교자들에게 설교를 위해 다양한 번역본을 크게 읽어볼 것을 권한다. 크게 읽은 후에, 질문을 한 번 던져볼 것을 제안한다.

> 읽은 본문에서 이상한 점이 무엇입니까?
> 요점에 관한 질문이 아닙니다. 당신이 먼저 요점에 대해서 묻는다면, 당신이 원하기도 전에 당신은 '목적지'(요점)에 가 있을 것입니다. 성도들 또한 당신이 원하기도 전에 목적지에 가 있을 것입니다.[47]

---

47   긴장/해결이라는 과정을 빠뜨리고 단순히 교훈과 핵심만을 찾고 묻게 되었을 때 설교자나 성도들은 너무 쉽게 결론에 도달해버리고 말 것이라는 비유적 표현으로 라우리는 설명하고 있다-역주.

사실 나의 첫 책인 『이야기식 설교구성』에서 "우리는 질문을 가지고 성경을 대하지만 오직 자신의 생각만을 발견한다"[48]고 말했던 칼 바르트(Karl Barth)에 대해 언급했는데, 그 질문에 대해 성경은 "그것은 잘못된 질문입니다"라고 답한다. 그리고 나는 회중들이 종종 "잘못된 장소"[49]에 있기 때문에 만나지 못한다고 했던 폴 쉴러(Paul Scherer)를 인용했었다. 간략히 말하자면, 긴장은 성격 본문 자체에서, 한 가지 혹은 그 이상의 형태로 표출되어야 한다.

성경에는 긴장/해결의 모티브보다 내러티브의 전략이 여러 가지 형태로 더 많이 있다. 데이비스는 입안에서 혹은 책장 위에서 단지 멈추고 안주하지 않는 언어처럼 점차 밖으로 확장되는 힘을 가진 무르익은 생각들과 개념들에 대해 언급했다. 이것은 곧 나의 생각이기도 하다.

---

48 이 말은 자신의 질문을 가지고 성경을 읽고서, 새로운 세계, 곧 하나님의 세계를 발견하는 대신에 단순히 자신의 생각만을 발견한다는 의미이다-역주. Eugene L. Lowry, *The Homiletical Plot, Expanded Edition* (Louisville: Westminster John Knox Press, 2001), 71.

49 쉴러의 견해는 오늘의 청중들이 서 있는 자리가 잘못된 자리이므로 청중이 현재 있는 자리에서는 청중을 만나지 말아야 하며, 따라서 귀납적인 설교의 전달은 반대한다-역주. Paul Scherer, *The Word God Sent* (New York: Harper & Row, 1965), 7.

2) 내러티브의 인과적/환기적/도발적 전략

진화하고 축적되는 산만한 언어의 본성 대신에, 여기서 논의하려는 내용의 핵심은 래이너(Laner)가 언급한 혁신적인 정체성을 나타내는 "보여주는" 언어의 속성에 관한 것이다.

일부 학자들은 이와 같은 미학적 언어는 그 영향력을 축소시킬 수 없는, 게슈탈트(Gestalt: 형태)[50]적인 인지적 깨달음을 보여준다고 말한다. 이런 유형의 언어는 셀리 맥페이그(Sallie McFague)가 언급한 것처럼 "본래 의미하고자 하는 것보다 더 많은 의미를 내포한 것으로"[51] 마치 카드를 섞는 것같이 장난스러운 비유가 포함된 단어를 사용하는 것이라고 말했다.

크레독은 이러한 유형의 언어가 너무 자연스러운 나머지 더 이상 물러설 수 없는 자리에 이를 때까지 거의 알아차릴 수

---

50 독일어 게슈탈트에서 근거하여 심리학에서 사용되는 단어로 게슈탈트 자체의 의미로는 부분이 모여서 된 전체가 아니라, 완전한 구조와 전체성을 지닌 통합된 전체로서의 형상과 상태를 의미한다. 게슈탈트 심리학에 적용되어 형태, 즉 전체를 우위에 놓고 이것을 일정한 시간·공간적 장(場)에서 개별화시키고 한정시킨 유기적 통일로서 포착하며, 그 각 부분의 상호 역학적 관계 속에서 심리 현상을 설명하려고 하는 입장을 가진다.-역주.

51 Sallie TeSelle (McFague), *Speaking in Parables* (Philadelphia: Fortress Press, 1975), 16.

가 없다고 했다. 하지만 그 언어는 우리의 귀보다 더 깊은 곳까지 들어온다. 크레독은 이를 "마음의 방아쇠를 당기는 것"으로 표현하면서 "말하는 것이 아니라 일깨우는 것이 목표"[52]라고 말했다.

아니나 다를까, 크레독은 이것을 "원한의 무게, 우정의 접촉, 회한의 맛"[53] 등과 같은 5가지 감각 언어로 표현했다. 이 언어들은 이야기를 하는 동시에 활동하게 된다.

가브리엘 리코(Gabriele Rico)는 스콧 피츠제럴드(F. Scott Fizgerald)의 소설 『위대한 개츠비』(*The Great Gatsby*)를 연상시킨다. 리코는 단순히 데이지(Daisy)가 어떻게 부자가 되었는지에 대해 일반적인 언어로 설명하기보다 "그녀의 목소리는 돈으로 가득 찼다"[54]와 같이 간략하게 말했다.

이런 표현은 "비지시적인 언어"도 아니며, 하찮은 것도 아니다. 이것이 무엇을 말하는가에 대해 일깨워 준다. 이는 추상적인 언어보다도 구체화된 것이며, 육화된 것이라고 할 수

---

52 Fred Craddock, *Preaching*, 196.
53 Ibid., 199.
54 Gabriele Lusser Rico, *Writing the Natural Way* (Los Angeles: J. P. Tarcher, 1983), 187.

있다. 어떤 이는 이것을 **실재적 현존**이라고 말할 것이다. 이 말은 제대로 대치된 표현이라고 생각된다.

브루그만(Walter Brueggmann)은 1989년 "라이먼 비쳐 강좌"에서 평소에 우리에게 말하고 싶었던 내용을 발표했는데, 그 내용은 『마침내 시인이 되다: 선포를 위한 담대한 연설』 (*Finally Comes the Poet: Daring Speech for Proclamation*)이라는 책으로 발간되었다.

브루그만은 이 책에서 특정한 리듬이나 운율에 대해 말하지는 않았다. 그는 산문체를 단조로운 것으로, 곧 "고정된 공식"처럼 "사랑이란 글자를 단순한 메모처럼 들리게 한다"고 했다. 시적인 표현은 "밥 깁슨(Bob Gibson: 미국 프로야구 선수-역주)의 빠른 공처럼 움직이고, 기회가 왔을 때에 뛰어 가는 것"[55]라고 말했다.

설교에서 필요한 언어는 확실히 시적인 언어이다. 이에 대하여 사실상, 가장 먼저 떠오르는 이는 린더 커크(Leander Keck)이다. 그는 예일대학교 신학대학원 원장으로 부임하기 전(지금은 은퇴했으나), 에모리대학교(Emory University) 캔들러신학대

55　Walter Brueggemann, *Finally Comes the Poet*, 3.

학원(Candler School of Theology)에서 신약학을 가르쳤다.

커크는 채플에서 있었던 어떤 행사의 설교자였다. 그때 설교 제목은 "유한한 자원, 그러나 무한한 가능성"(Limited Resources, Unlimited Possibilities)이었다(당신은 그의 설교 제목에서 긴장/해결의 모티브를 간파할 수 있는가?).

커크가 선택한 본문은 수많은 군중을 먹인 마가복음의 기사에 초점이 맞추어져 있었다. 그는 이렇게 시작했다.

> 누구나 한번쯤, 우리 모두는 "내가 여기서 뭘 하는 거지?"라는 생각을 하게 된다.[56]

예상되듯이, "가려운 곳"(itch)은 예배당을 가득 메운 신학교 학생들의 관심을 끌었다. 커크는 설교의 초반부에 모세가 사역하던 당시 가나안으로 정찰을 떠났던 유대인들에 대하여 묘사했다. 그는 다음과 같이 말했다.

> 당신은 정탐꾼들이 단순히 젖과 꿀에 대한 이야기만

56　Eugene L. Lowry, *How to Preach a Parable* (Nashville: Abingdon Press, 1989), 80.

을 한 것이 아니라, 그 땅에 있던 거인들을 보고 느꼈던 공포에 대해서도 말한 것을 기억할 것입니다(마지막 문장을 크게 읽음으로, 사람들이 중복된 병행 구절에 주의를 기울이게 할 수 있을 것이다).[57]

"그들의 입에서 나오는 이야기들... 가슴 속의 공포심!"

이러한 스타일의 연설은 예배당 회중들로 하여금 계속 경청하게 한다.

드디어 커크가 성경 본문을 이야기했을 때, 학생들은 왜 본문을 좀 더 빨리 다루지 않았을까라는 의문을 가졌다. 성경 본문보다 앞서 내용을 이야기함으로써 그는 사람들의 흥미를 유발시킨 것이다.

이상하게도 상상력 없는 평범한 이야기를 먼저 하는 것은 핵심을 놓칠 수도 있기 때문이다. 실제로, 어떤 단계에서 완전히 믿기 어려울 정도의 결과에 도출할 수도 있고, 또 다른 단계에서 미리 이야기를 망치는

57　Ibid.

상황을 초래할 수도 있다.[58]

결국, 커크는 성경 본문으로 돌아가서 "어둠 속으로 두려움 때문에 울어대고, 죽음과 위험을 향하여 한 걸음씩 걸어가는"[59] 양의 상황에서 다룬다. 이와 같이 설교에 있어서 이러한 동사 표현의 영향력에 대하여 주목하지 않을 수 없다.

뷰크너(Buechner)의 언어 사용도 동일하게 영향력이 있다. 빌라도의 법정에 섰던 예수와 그를 고발했던 죄목에 대한 그의 묘사를 생각해보라. 아마도 당신은 빌라도가 담배를 끊으려는 이미지를 떠올릴 것이다. 그는 그렇게 그림언어로 묘사하고 있다.

또한 뷰크너는 빌라도와 그가 다스리는 사람들 간의 근본적 불일치를 설명하는 데 많은 시간을 할애할 수 있었다. 하지만 그는 더 이상의 설명을 하지 않았다. 그게 아니라 그는 빌라도를 색유리로 가려진 리무진 속에 가두어 버렸다.[60]

---

58 Ibid., 82.
59 Ibid., 83.
60 미국의 작가이자 목사. 1981년 『고드릭』(*Godric*)으로 퓰리처상 최종 후보에, 1972년에 『사자의 나라』(*Lion Country*)로 전미 도서상 최종 후보에 올랐고, 30권이 넘는 그의 책은 전 세계에서 27개가 넘는 언어로 출판되

자신을 유명하게 만들었던 이런 식의 언어 사용에 대해 뷰크너는 다음과 같이 설명했다.

> '단어들'은 단지 이해되는 것이 아니라, 의미이고 동시에 이미지와 상징이며, 소리나 리듬이며, 무엇보다도 어쩌면 열정이다. . . 그것들(단어들)은 마치 거대한 예배당에서 성가대가 하는 방식으로 메아리를 울리는 것이며, 이로 인해 우리가 예배당이 되고 단어들은 우리 안에서 울림이 된다.[61]

여러분은 뷰크너가 그 내용을 설명하면서 실제로도 자신의 방식을 나타내고 있음을 알아차렸는가?

그리고 토마스 롱 또한 유사한 능력을 보여주는데, "거룩함이 겹겹의 통렬함으로 대화의 소리를 낸다"[62]와 같은 표현을

었다. 작가로서 이력을 쌓고자 뉴욕에 체류하던 중, 예수님은 신자의 고백과 눈물과 '큰 웃음' 가운데 신자의 마음에 즉위하신다는 내용의 설교를 듣다가 회심한다. 이후 유니온 신학교에 입학 장로교 목사로 안수 받았다-역주. Fredrick Buechner, *Telling the Truth*, 8-9.

61 Ibid., 21.
62 토마스 롱은 오늘날 대부분의 설교자들이 복음에 대해서는 증거하려고 하지만, 이 땅 가운데 역사하시는 하나님의 현존과 활동하심에 대해서

주목해보라.

우물가의 사마리아 여인에 대한 바바라 브라운 테일러(Barbara Brown Taylor)의 설교는 매우 인상 깊었는데, 「기독교 세기」(*The Christian Century*)[63]라는 잡지는 특색 있는 그녀의 설교 원고를 12년 동안 2번이나 실었다.

테일러의 설교는 사복음서에 나오는 어떤 다른 사람보다 그 여인과 길게 대화하는 예수님에 대해 언급하고 있는데(나는 그 사실에 주목하지 않았었다), 이는 그녀가 소외된 사람이었기에 가능한 예수님의 특별한 선택이었다는 것이다. 그녀는 다음과 같이 설명했다.

> 소외된 자라는 말은 그저 그녀가 여성이라서가 아니라 엘리자베스 테일러(Elizabeth Taylor)처럼 많은 남

는 언급하지 않으려는 현실에 대해서 언급하면서 다음과 같은 표현을 사용한다. 우리 문화 안에 종교적인 언어를 사용하는 것에 부응하기 위해서 설교의 현장을 연설의 장 같은 것으로 만들어버리는 현실을 언급하면서 예리함으로 무장해야 할 거룩한 소리가 무디어졌다는 안타까움의 표현을 한 것이다. 이것은 곧 더 이상 야생의 길들여지지 않은 하나님의 현존에 대해서 말하지 않는 현실을 언급한 것이다-역주. Thomas G. Long, *Preaching from Memory to Hope*, 34.

63 격주에 발행되는 대표적인 미국의 종교잡지-역주.

편을 가진 타락한 여성이라는 뜻이다.

브라운 테일러는 그들의 만남을 다음과 같이 묘사했다.

> 그(예수)가 자신의 얼굴을 들어 여인에게 물을 청하자, 여인은 올리브 빛의 피부와 어두운 눈동자, 그리고 오똑한 코를 보았다. 그는 혼혈이 아니었다.
> 그는 유대인인데 그곳에서 도대체 무엇을 하고 있단 말인가?
> 길을 잃은 것일까?
> 신앙을 포기하고 그렇게 연인에게 말을 걸게 된 것일까?

사마리아와 유대 사이의 관계를 고려해 왜 그곳에 예수님이 계셨는가 하는 이 질문의 깊은 의미를 찾으려고 테일러가 산만하게 탐구하지 않음은 주목할 만한 가치가 있다. 사실, 테일러는 이러한 방식으로 논의되고 다뤄지기를 원치 않았다. 오히려 그녀는 질문한다.

"그는 자신의 신앙을 포기한 것일까?"

질문은 이 장면이 얼마나 급진적인가를 보여준다.

그런 다음, 여인의 남편에 대한 대화를 한 후, 여인은 예수님을 인간적으로 가까이하기 시작했으며 "보다 안전하게" 종교적인 주제의 대화로 돌아가고 있다. 테일러는 "하지만 아무 일도 일어나지 않았다"고 하며, 다음과 같이 말한다.

> 여인이 뒷걸음쳤을 때, 예수님은 여인을 향해 발걸음을 앞으로 내딛었다. 여인이 조명에서 멀어질 때, 예수님은 조명 아래로 돌아왔다. 예수님은 여인이 물러서도록 놓아주지 않았다.[64]

오, 정말로 이런 것을 가히 상상력이라고 말할만하다. 뿐만 아니라 그녀가 언급한 내용 안에 드러난 따뜻함에 주목해보라. 이와 같은 느낌은 정서적인 내용을 추가하려는 생각이 아니라 몸으로 느낄 수 있는 체화된 언어라고 할 수 있다. 어떤 사람은 이렇게 반응할지도 모르겠다.

---

64 Barbara Brown Taylor, "Reflections on the Lectionary," *Christian Century*, February 12, 2008 (Vol. 125: No. 3), 19.

커크나 뷰크너, 테일러에게는 이와 같은 표현이 쉬울 것이다. 하지만 우리 중 누가 그들의 수준만큼 따라갈 수 있을까?

하지만 우리 모두도 전략적 언어(strategic language)의 속성을 이해하게 되면 보다 더 발전할 수 있을 것이다. 이것은 이해할 수 없을 만큼 어려운 일이 아니라 연습하면 가능하다.

하지만 지난 달 보고서같이 진부하게 메모하지 말라!

오래 머물러 있으라!

그리고 그 장면을 상상해보라!

상상력을 자극하는 단어들을 활용해보라!

테일러는 주변의 세세한 것들에 관심을 가지지 않고, 여인이 충격을 받을 만한 분위기가 조성된 것이 더 중요하다고 보았다. 그녀는 우리가 그 장면 안에 들어가서, 사마리아 땅에서 유대인 예수를 직면한 여인에게 어떠한 일이 일어났는지 상상해보기를 권했다. 테일러는 설명하기보다는 시각적인 장면을 제시했다.

여인은 올리브 빛 피부를 본다…그는 혼혈이 아니었다.

이렇듯 성경의 본문의 가장 강렬한 긴장이 있는 순간을 찾는 것은 본문이 가진 분위기를 즐기고 머물 때에 비로소 가능해진다. 사실, 우리에게 당면한 가장 큰 문제는 본문에 대해 너무 잘 안다는 것이다.

위와 같은 연습을 해서 우리는 이전에 들었던 것들을 무시하게 되고, 특징적인 의미를 더 강화시키게 된다. 명료하지 않은 것들을 제쳐두고 잠시 멈추어 생각하는 것은 본문이 진정으로 말하고자 하는 것을 듣는 데에 있어 매우 강렬하고 창조적인 순간이 될 수 있다. 우리가 되도록 많은 것들에 호기심을 가질 때 우리는 더 많은 것을 발견할 수 있게 된다.

또 다른 전략은 설교 진행의 방법과 목표에 대해 브루그만(Brueggemann)이 제시한 기본적인 원칙에 더 깊숙히 도달하게 한다. 기본적으로, 그는 지침서로 가능한 것이 아니라고 말한다. 예일대학교에서 있었던 강좌에서 그는 조언한다.

> 만약 성경 본문의 권위를 주장하려면, 이는 교회법 학자의 논증이나 전문가의 정밀함이 필요한 것이 아니다. 그는 아주 신선한 방식으로 본문을 표현할 수 있는 예술가 같아야 하며, 예전에 전혀 없었던 방식

으로 성도들 가운데 본문이 생명을 드러내야 한다.[65]

예를 들면, 테일러는 약간의 차이를 깨달은 것이 아니라, 예수님과 여인이 나누는 대화에 깃든 긴장을 알아챘다. 그녀는 그 긴장에 대해 알려주거나 그 원인에 대해 설명하지 않았다. 그저 그 안에 진리의 이미지를 넣었을 뿐이다. 그리하여 다음과 같이 표현했던 것이다.

> 여인이 뒷걸음쳤을 때, 예수님은 여인을 향해 발걸음을 앞으로 내딛었다. 여인이 조명에서 멀어질 때, 예수님은 조명 아래로 돌아왔다. 예수님은 여인이 물러서도록 놓아주지 않았다.[66]

다시 언급하거니와, 여기에는 어떠한 꾸밈도 없으며 진행되고 있는 사실에 대한 구체적 표현만 있을 뿐이다. 죠셉 시틀러(Joseph Sittler)는 1959년 "라이먼 비쳐 강좌"에서 상상력을 발휘하는 것은 겉치레나 장식용이 아님을 명확하게 말했다.

65　Walter Brueggemann, *Finally Comes the Poet*, 9.
66　Barbara Brown Taylor, *Christian Century*.

상상은 . . . 절대 부차적인 것이 아니며, 환기시키는
요소이다.⁶⁷

우리는 시간 안에서 펼쳐지는 설교라고 하는 사건의 순수한 사실성, 곧 시간이 담긴 형식으로서의 내러티브에 대해 고심하고 있다. 우리는 어떻게 시간을 가장 유용하게 쓸 것인가에 대한 질문, 전략적 목표로서의 내러티브에 관한 문제에 집중해왔다. 앞으로 우리는 특정한 설교의 플롯, 실제적인 설교의 디자인, 움직임이 있는 시간 안에서 정리된 형식의 적절한 범위에 대해 초점을 맞출 것이다.

3. 세 번째 차원: 체화된 형태로서의 내러티브

나의 첫 번째 책 『이야기식 설교구성』은 1980년에 출간되었다. 그 내용은 5단계의 플롯인 "웁스"(oops: 놀람), "우"(ugh: 실망), "아하"(aha: 감탄), "와아"(whee: 흥분), "예"(yeah: 확신)로 신

---

67 Joseph Sittler, *The Ecology of Faith* (Philadelphia: Fortress Press, 1961), 46.

학적인 해석을 바탕으로 구성되어 있다.

좀 더 자세히 설명하자면 아래의 다섯 단계로 움직인다.

(1) 평형을 무너뜨림으로부터(놀람)

(2) 모순의 분석을 통하여(실망)

(3) 해결을 위한 실마리를 드러냄으로(감탄)

(4) 복음을 경험하기로(흥분)

(5) 결론적으로 결과를 기대함으로 이동한다(확신).[68]

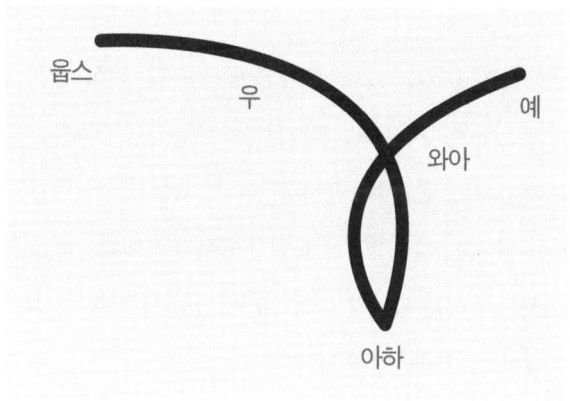

---

[68] Eugene L. Lowry, *The Homiletical Plot* (Atlanta: John Knox Press, 1980), 5-100.

이것은 이전에 내가 설명했던 방식과 정확히 일치한다. 이후로 이것은 변경되고, 미묘해지고, 더 확대되었지만, 계속 유지되었다. 변화된 내용은 나의 설교 모형과 본문 중심의 설교의 필요를 차별화함으로써 발생했다.

그런가하면, "좌측 뇌"의 사고만이 진지한 사고의 형식이 아니라는 것을 알게 되면서, 나는 또 다른 형식의 사고(산만하지 않은)가 가능한 나의 설교 모델에 더 관심을 가지기 시작했다. 그리하여, 나는 플롯을 다른 용어로 정의하는 "단계 2"에 대해 이야기했다.

뿐만 아니라 이런 연유로 나의 다음 저서였던 『강단 위에서 설교하기』(*Doing Time in the Pulpit*)에서는 **분석**이라는 용어를 사용하는 대신, 고조되는 플롯의 "복잡함"에 대해서 말했고 여기에는 "증가하는 긴장감"이 존재한다.[69]

분석이라는 말은 지나치게 제한적인 용어이다. 사실 플롯을 구성하는 데는 복잡하고 다양한 방법이 있으며, 분석은 그 가운데 한 가지 방법일 뿐이다.

해결의 실마리를 드러내는 "단계 3"에 관해 내가 깨달은 것

69　Eugene L. Lowry, *Doing Time in the Pulpit* (Nashville: Abingdon Press, 1985), 69-74.

은 결정적인 전환(decisive turn)이 항상 절대적 반전(absolute reversal)이 아니라는 점이다. 결과적으로 나는 갑작스러운 전환, 곧 "놀라운 전환"[70](surprising turn)에 대해 말하게 되었다.

앞의 그림은 가장 아래 지점에서 시각적으로 급격한 전환을 보여준다. 이 전환은 언제나 정확히 180도로 일어나는 것은 아니며, 그렇다고 점진적이고 광범위한 전환을 의미하는 것도 아니다. 이것은 빠르고 결정적이다. 뒤늦게 깨달았지만, 나는 오래 전 앞의 그림의 가장 낮은 지점에서 이야기의 줄거리를 끌어내며 "반전"(reversal)이라고 말한 적이 있었다(마이클 폴라니[Michael Polanyi]는 이따금씩 "우리는 우리가 말할 수 있는 것보다 더 많이 알고 있다"는 말을 했다[71]).

내가 발견한 것은 바디매오와 같은 이야기에서 치유의 좋은 소식(단계 4)이 예수님이 "가라"고 말씀하시기 이전, 곧 "예수님과 함께 머물기"를 원하기 이전에 반전(reversal, 단계 3)이 일어날 수 있다는 점이다. 이런 연유로 때때로 단계 1, 2, 3, 4, 5로 흘러가던 줄거리가 단계 1, 2, 4, 3, 5의 순서로 진행되기

---

70 Ibid., 76.
71 Michael Polanyi, *Knowing and Being* (Chicago: The University of Chicago Press, 1969), 133.

도 한다. 때때로 마태복음의 달란트 비유는 "단계 3"과 "단계 4"(해결의 실마리와 복음의 경험)가 사실상 동일하거나 복음 자체의 급속한 전환(decisive shift)과 매우 유사하다.

(여러분은 그 비유가 모든 권위를 가진 주인과 함께 시작한다는 것을 알고 있을 것이다. 주인의 종들은 모든 약점을 안다. 그리고 종들에게 재산을 나눠준 주인은 정해지지 않은 기간 동안 떠나 있다. 이제, 종들은 권위를, 주인은 커다란 약점을 가지게 되었다. 상황이 완전히 바뀌었다. 만약 그들이 재산을 낭비하거나 잃으면 그들에게 미래는 없다. 결정적인 전환(decisive turn)과 복음의 선포는 한순간에 일어난다).

이와 같은 플롯의 미묘함은 1997년에 출간된 나의 저서 『설교: 신비의 가장자리에서』(*The Sermon: Dancing the Edge of Mystery*)에 기술되어 있다.

플롯과 관련된 여러 설명들에서도 여전히 다섯 단계가 있다. 그러나 "단계 3"과 "단계 4"의 연결은 본문의 움직임이나 설교의 교훈적 목적에 따라서 달라질 수 있다.

다음의 그림은 플롯에 대한 최종 설명으로 "단계 4"(와아: 흥분)는 정확히 설교의 갑작스러운 전환의 순간이나, 혹은 그 바로 전후에 일어난다. 좀 더 자세한 그림은 『이야기식 설교구성, 확장판』(*The Homiletical Plot, Expanded Edition*)에 수록되

어 있다.[72]

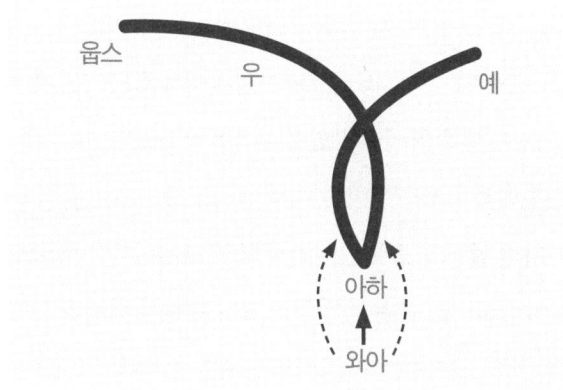

이 그림의 중요한 시각적 암시는 설교의 절반 이상이 지나도록 생각(thought)이 더 큰 혼돈 속으로 빠져든다는 것이다. 왜냐하면, 설교의 급작스런 전환이나 반전은 설교 시간의 훨씬 뒷부분에 등장하기 때문이다. 이와 같이 급작스러운 전환이나 반전은 아주 자연스러운 전환은 아니며, 놀랄 만큼 날카로운 각도의 변화이다(이러한 반전의 원칙은 오래 전 아리스토텔레스에 의해 설명되었다).

---

72 Eugene L. Lowry, *The Homiletical Plot*, expanded edition, 119.

내가 "단계 5"의 명칭을 "결과"에서 아리스토텔레스가 사용한 "대단원"이나 "펼침"(unfolding)이란 말로 바꾸었음에 주목하라(나는 어린 시절 경험을 통해 **결과**라는 용어가 부정적인 의미를 담고 있다는 것을 알게 되었다). 결국, 설교에서 결론의 단계나 순간은 한 가지 혹은 여러 방법으로 복음이 만들어낸 새로운 미래를 기대하게 하는 것이다.

따라서 설교의 플롯은 여전히 다섯 단계이지만 다르게 해석될 수 있다. 곧, 본문의 성격과 확대된 플롯 단계의 이해(이미지와 이야기를 포함하여), 지역 공동체와 세계에 대한 담임 목사의 주해 방식 그리고 메시지의 교훈적 목적에 따라 달라지게 된다.

1) 미래로의 움직임

이제 내러티브 설교에서 또 다른 선택, 곧 다른 플롯 형식에 대해 분명하게 언급할 때가 되었다. 예컨대, 누군가가 최근에 방영된 TV 프로그램들의 플롯을 바탕으로 1980년대 TV 프로그램들과 플롯의 유형을 비교했는데 (『이야기식 설교구성』이 출판되었을 때) 다양한 플롯들이 생겨났음이 밝혀졌다. 첫 번째 책에서 나는 플롯이 어떻게 역할을 하는지 설교자의 이해를 돕기 위해 다양한 TV 플롯들을 사용했다.

그러나 우리는 TV에서 "콜롬보"(Colombo)를 보고 극장에서 "하이 눈"(High Noon)을 보았으나, 최근에 NCIS[73]를 TV에서 보고 극장에서 "아바타"(Avatar)를 본다. 병리학자 "퀸시"(Quincy) 대신에 "그레이스 아나토미"[74](Grey's Anatomy)를 보며, "페리 메이슨"(Perry Mason) 대신에 "보스톤 리걸"[75](Boston Legal)을 본다(더 상세한 차이에 대하여 최근에 출판된 저자의 책에서 연구했다).[76]

TV 프로그램에서의 이와 같은 변화는 최근 의사소통 방식의 변화를 반영하고 있다. 이러한 차이점들의 비교는 설교의 기술에 관한 많은 이해를 가능케 한다. 또한 최근의 몇몇 내러티브 설교는 이러한 변화를 이미 반영하고 있다. 하지만 이러

---

73 미 해군과 해병대에 연류된 범죄들을 해결하는 특수 수사팀에 관한 미국 CBS에서 방영하는 TV 인기 드라마-역주.
74 시애틀 대형 병원을 무대로 주인공과 동료들의 직업 정신과 성장, 그리고 연애를 다룬 미국 ABC 방송의 의학 휴먼 드라마-역주.
75 보스턴의 법률회사에서 벌어지는 다양한 에피소드를 다룬 미국 ABC 방송의 법률 드라마-역주.
76 O. Wesley Allen Jr., *The Renewed Homiletic* (Minneapolis: Fortress Press, 2010), 81-92.

한 형태는 그 이용을 최대로 높일 수 있는 종합적인 방식으로 아직 제시되지는 않고 있다.

2) 에피소드식 내러티브 형태

에피소드식 설교(episodal preaching)란 성경적/설교적 개념들이 불균형으로 시작해서 해결의 결론으로 옮겨가는, 곧 "웁스"(oops: 놀람) 단계에서 "예"(yeah: 확신) 단계로의 이동 방식에 붙여진 최근 용어이다. "에피소드식"(episodal)이라는 용어는 설교에서 "가려움"에서 "긁어주는" 사건으로 적절한 이동을 촉진하는 새로운 방식을 제시한다.

나는 몇 차례에 걸쳐서, 톰 트로거(Tom Troeger)에 대해서 언급했다. 그는 내가 여기서 집중적으로 논하고자 하는 에피스드식 설교(episodal preaching)에 완벽하게 들어맞는 사람으로 실제로 이런 설교를 자주 한다. 이런 내러티브 형식을 정확하게 따르는 그의 설교 원고 중 하나를 검토한다. 이 원고는 20년 전, 『설교를 상상하라』(*Imagine a Sermon*)는 그의 책으로 출판되었다.[77] 지금까지 나는 이렇게 자주 사용되는 방식에 기초한 문헌이 거의 없다고 말해왔다. 그러나 이 발언은 수정해야 할 것 같다. 아마도 이 주제는 부분적으로 새로운 이름을 부여하는 일이다.

예컨대, 때때로 나는 버트릭(David Buttrick)의 플롯의 움직임(plotted mobility)을 통한 설교 방법이 나의 내러티브 설교 방법론보다 더 조직화되어 있다고 이야기했다. 실제로 여러 번 나는 그의 다양한 설교문을 조심스럽게 따라가며 내가 다루었던 동일한 본문들과 비교해보았다.

버트릭의 설교문을 정독해보면, 내가 썼던 "웁스"(oops: 놀람), "우"(ugh: 실망), "아하"(aha: 감탄), "와아"(whee: 흥분), "예"(yeah: 확신)가 나의 설교 본문에 나온 것과 같은 순서로 정확하게 나와 있는 것을 볼 수 있다. 좀 더 정확하게 이야기하면, 우리는 놀랍도록 비슷한 방식을 따르고 있다는 것이다.

버트릭의 설교 체계 안에서 나타나는 5개 내지 6개의 각각의 개별적 "움직임"은 시작하고 끝맺을 수 있도록 세밀하게 계획되었다. 하지만 그의 설교는 내가 주장하는 서로 연속적

---

77 Thomas H. Troeger, *Imagining a Sermon* (Nashville: Abingdon Press, 1990).

으로 변화하면서 전환되는 "웁스"(oops: 놀람)에서 "예"(yeah: 확신)까지의 단계와 그밖의 순서의 전환이나 형식에서 결정적으로 차이가 있다. 그가 말하는 선형적인 움직임은 내가 주장하는 내용과는 명백히 다르다.

우리 두 사람의 특별한 차이를 설명할 수 있는 방법은 그의 설교 속 움직임(movement)을 구성하는 방식과 나의 플롯의 전개 과정을 비교함으로써, 에피소드식(episodal)이라는 용어를 통해서 정확히 파악될 수 있다고 나는 믿는다.

결과적으로 버트릭의 설교에서 이동은 각각의 단계에서 서로 구별 가능한 에피소드들로 진행된다. 여기서도 시간의 흐름(time sequence)을 따라 움직이며, 다양한 내러티브 설교에서 발생하는 최종적 해결은 지연되지만, 플롯의 움직임은 나와는 다르게 나타난다.

이것이 말하는 바는 이런 방식에 대한 생각이 에피스드식 설교(episodal preaching) 주제에 관한 고려할 만한 자료가 있음을 알게 한다는 것이다. 버트릭은 십수 년 동안 이와 같은 방식을 지속적으로 권장해 왔다. 이처럼 명쾌하게 구체적인 그의 의미 있는 작업을 나는 '화성적 플롯의 움직임'(vertically plotted mobility)라는 용어로 정확하게 요약될 수 있다고 보고 있다.

아마도, 두 종류의 즉흥 재즈곡을 살펴보는 것은 아무리 재즈에 대한 지식이 없더라도 도움을 줄 것이다. 간단한 용어로 언급하자면, 가장 즉흥적인 재즈곡은 주로 단음적(멜로디)이거나 혹은 화성적이라고 말할 수 있을 것이다.

이제 내가 말하려는 것은 당신이 이미 알고 있을 수도 있지만, 지금 사용하는 용어를 들어보지 못해서 알고 있음도 인지하지 못한 것이다. 일반적으로 사람들은 공연 전반에 흐르는 곡조의 선율에 초점을 맞추고 연주하는 재즈 음악을 들은 적이 있을 것이다. 이 연주는 매우 전통적이고 단음적(멜로디)인 것이다. 한편으로 이보다는 '숙달된' 스타일의 연주자들은 구조적인 조화에 더 큰 초점을 맞추고 즉흥적 연주를 한다.

전자에 해당하는 연주자들은 익숙한 멜로디에서 결코 멀리 벗어나지 않는다. 정확히 연주하고, 청중은 연주되는 음악을 이미 알고 있다. 반면 '정교하고 복잡한' 재즈 연주자의 경우(파커와 콜트레인과 같은 연주자 이후 세대), 첫 번째 후렴부의 멜로디 연주가 끝이 나고 나면, 현의 구조적인 움직임을 따라 매우 화려하고 화성적 연주가 시작된다. 만약 지금까지 들어보지 못한 멜로디로 재즈의 후렴부 전체를 듣는다면, 음악 화음

들을 위 아래로 순서대로 오가며 연주하는 "전위"(progressive) 재즈 연주자의 음악을 듣는 것과 같다고 할 수 있다. 즉, 전진하는 화성적 에피소드인 것이다.

당신은 그 솔로 연주자가 최선의 리듬이라 할 수 있는 악보를 결코 반복하지 않음을 알 수 있을 것이다. 다른 이들이 화음과 박자를 연주하면, 솔로 연주자는 화성의 주변부를 위아래로 오가면서 연주한다. 이것이 바로 화성적 즉흥연주이다. 우리가 알아야 할 것은 음악은 여전히 어딘가를 향해 나아가지만, 연주자는 시간이 꽤 흐를 때까지 어디로 가는지 알려주지 않는다는 것이다.

일반적으로 전위(progressive) 음악가는 연주를 끝마치기 위해 멜로디 화음으로 돌아간다. 화성적 즉흥연주는 연주되는 음악을 명확하게 하는 종래의 전통적인 멜로디 재즈의 시작과 끝 사이에서 연주한다. 그리고 아주 탁월한 많은 재즈 연주자들은 단음적(멜로디)인 것과 화성적인 것을 서로 섞어서 즉흥적인 연주한다는 것을 주목해야 한다. 다소 단순한 방법이지만 양자택일의 용어로 차이를 밝히는 것은 용어를 명료화하는 데 도움이 된다.

간단한 음악적 설명으로 내가 의도하는 것은 진행하는 본문과 주제를 다룰 때 나는 단음적으로 설교한다는 것을 말하고 싶어서다. 버트릭은 훨씬 더 빈번히 "독립적이고" 화성적으로 연결된 에피소드를 제공한다. 이러한 5-6개의 에피소드는 다루는 본문과 주제와 함께 앞으로 진행하지만 보다 분리가 용이한 짧은 이야기들을 포함시키는 방식으로 전개된다. 그의 내러티브 진행 방식은 에피소드(혹은 화성적) 단위에 근거하여 앞으로 나아간다. 버트릭과 나는 설교가 끝날 때까지 상당히 높은 유사성을 보일 것이다. 그러나 우리가 선택하는 노선은 다소 다르게 형성되어 있다.

크레독의 설교 방법론은 귀납적(deductive)이라 불렸으며, 이후에 내러티브라는 특별한 설교의 형식을 설명하면서 분리되었다. 최근 들어, 그의 방법론은 **기대와 놀라움**의 원리를 사용하여 회중들의 기대감을 높이고, 그와 함께 설교의 해결이 지연되는 전략을 사용하는 설교 방법론으로 이해되고 있다. 크레독은 대체로 회중들을 성경 본문을 탐색하는 방식으로 이끌어 간다.

우리는 아직 끝나지 않은 본문 탐구를 위해 그를 따라 가는 것이며, 갑자기 본문을 벗어날 때에도 그는 우리에게 아무것도 알려주지 않는다. 그는 경로를 전환할 때까지 우리에게 어떤 신호도 남기지 않는다. 우리는 어떤 중간 과정 없이, 10년도 넘게 다녔던 수퍼마켓의 11번 통로에 서 있는 자신을 발견할 것이다.

누군가 물을 것이다.

"그럼 우리는 어떻게 그곳에 도달할 수 있나요?"

우리는 프레드가 원하는 곳으로 우리를 데려 갈 것임을 확실히 믿게 될 것이다. 우리가 이미 알고 있는 바와 같이, 그는 이전에도 그러했다. 우리가 다른 성경 본문들이나 설교에서 비슷한 초점의 전환을 기억하는 것과 같이, 슈퍼마켓의 11번 통로가 흥미로운 것은 우리가 지금까지 10년 넘게 다녔지만 미처 알아차리지 못했던 11번 통로에서 그가 무엇인가를 발견하고 이름을 부를 것이라는 사실이다.

그후 크레독은 결정적인 문제를 직접 찾아내고 정확히 말할 것이다. 우리가 그동안 어떤 중요한 것을 놓쳤는지 궁금해 할 때, 우리는 새로운 발견을 위한 그의 노력을 보며 놀라며, 그는 또 다른 본문으로 분주하게 넘어간다. 이때까지 우리는 점차 높아지는 기대감에 젖어 있으면서, 적절한 때에 그가 우리를 복음으로 이끌 것이라는 것을 분명히 알고 있다.

이것이 크레독의 설교 작성 방식이라 할 수 있으며, 이것은 분명한 에피스드 형식이다. 한 상황에서 다른 상황으로 빠르게 향해 나가는 것은 화성적 도약으로 볼 수 있다. 지금까지도 여전히 우리는 모르고 있을 수 있지만, 그는 실제로 종합적인 설교의 결론을 향해 우리를 움직여 가고 있다.

내가 제시하는 좀 더 단음적(멜로디)인 플롯의 움직임과 분명한 차이에 주목해보라. 나도 역시 성경 본문에 대한 탐색과 함께 시작한다. 그리고 나서 나는 설교적 플롯으로 이동하기 위해 "흐릿한 전환"(thin thread transiton)을 찾는다(이것은 "흐릿한 사고의 전환"을 말하는 것이 아님을 주지하라). 이러한 전환은 회중으로 하여금 연속된 플롯의 흐름을 따라 다음으로 이끌어 주기를 기대하게 한다. 아마도 심포니 연주의 어떤 순간이 내가 뜻하고자 하는 바를 명확하게 해줄 것이다.

내가 참석했던 한 연주회에서 놀라운 음악의 전환이 일어난 적이 있었다. 나는 그 작품이 무엇인지, 심지어 그 장소조차 기억하지 못한다. 그러나 나는 오케스트라 첫 부분, 곧 첫 움직임이 지휘자 지휘봉의 열정적인 움직임과 함께 끝났을 때, 나는 움직임 사이에 늘 있는 일시적 침묵을 예상하고 있었다.

그러나 나의 기대와는 달리, 한 악기의 연주가 계속되었다. 그 악기는 오보에였는데 조금의 실수도 없이 침묵 속으로 파고들었다. 음악의 섹션들 사이에 침입해 온 오보에 특유의 날카롭고 얇은 선율은 오로지 오보에만이 낼 수 있는 것이었다. 오보에 연주자의 악보는 연주가 막 끝날 때는 섹션의 다섯 번째 음이었고, 새롭게 이어지는 화성의 음은 세 번째 음이었다(G음표의 경우 C음표의 5번째에 위치하고 있으며, 이것은 E음표의 세 번째 자리로 즉각 전환될 수 있다).

정확히 이것은 과도기적 전환에 관한 것으로, 설교자가 설교의 한 섹션에서 그 다음으로 나아갈 때 내가 권장하는 것이다. 나의 관심은 회중들이 한 번의 거창한 도약으로 이 내용의 산(mountain)에서 저 내용의 산으로 점프할 수 있다는 기대를 막는 것이다. 따라서 조금은 흐릿하지만(thin) 분명한 연결을 찾아보라. 즉 은유를 섞는 것이 전환을 위한 연결고리를 제공할 것이다.

예컨대, 시몬 베드로의 요청에 대한 누가복음의 이야기에서, 놀랍도록 배가 물고기로 가득 찼을 때 시몬은 예수님에게 말했다. 믿겨지지 않겠지만, "주여, 저를 떠나소서!"라고.

왜 베드로는 그 흥분된 순간에 이렇게 말했을까?

이렇게 불안하고 편치 않은 요구에 대해 우리는 더 탐색해 볼 필요가 있다.

모든 신비로움을 담고 있는 애매한 상황에서의 외침처럼 느껴지지 않는가?

"주여, 제게서 떠나소서!"

하지만 지금은 회중들을 향해 "지금이야말로 일상적이지 않은 신비적 경험의 본질을 생각하기에 좋은 때입니다"라고 말하며 그 거룩한 경험을 "좌측 뇌"의 사고로 탐구하는 때가 아니다. 이것은 정확히 내가 원하는 것이지만, 그러한 전환은 회중들이 이해하기에는 너무 힘든(thick) 일이 될 것 같다. 나의 대안은 다음과 같이 말하는 것이다.

> 성경에서 이러한 반응이 일어난 것은 처음이 아닙니다. 높으신 하나님의 비전에 높이 들린 이사야를 기억하십시오.

내가 말하려는 것은 "빈약한(thin) 내용"을 다음 순서까지 연결하는 것이다. 이사야 6장에서, 더 엄청난 탐구를 전개시킬 수 있다. 하지만 먼저 이사야가 본 "고귀하고 높으신 ... 주님"의 드라마틱한 환상 속으로 재빨리 뛰어들어야 하며, 당시의 순간을 우리의 탐색 속에서 그려볼 수 있도록 도와주어야 한다(사 6:1-5).

하지만 분명히 크레독에게는 나의 제안이 필요 없는데, 그 이유는 그가 움직일 때, 우리도 함께 그 움직임에 동참하기 때문이다. 사실 에피스드식 설교 작업을 주로 하는 설교자의 경우, 표면적인 것보다 함축적인 전환을 만들어내곤 한다. 나는 이것은 더욱 어렵고 모험적이라고 믿는다. 그러나 이것 또한 누군가가 할 수 있는 일이다.

톰 트로거(Tom Troeger)는 이러한 방식의 설교를 놀랍게 해낼 수 있는 또 다른 사람이다. 그는 에피소드 형식의 내러티브 설교(narrative preaching)의 실행 방법에 대해 깊이 이해하고 있으며, 우리를 도울 수 있는 사람이라고 나는 생각한다. 1990년, 그의 『설교를 상상하라』(*Imagine Sermon*)에서 그는 결혼하는 한 커플의 결혼예식을 진행하는 목사의 실제 이야기를 들려주었다(이전에 출판되었던 그의 책에서 어떠한 일이 벌어졌는지 먼저 살펴보는 것이 좋겠다).

트로거는 자신의 첫 번째 결혼 설교 원고를 "출판 세대를 위한 수사학적 설교의 표본" 제공을 위한 시도라고 불렀다. 나와 동일한 세대의 사람들을 말하고 있음을 나는 안다. 그는 "나는 워드프로세서를 켭니다"라고 말하고, 결혼식 설교문의 틀을

짜기 시작했다. 다음의 내용은 전통적인 설교문의 양식이다.

〈전통적 설교문〉

잠시 후 캐서린과 조나단은 서약을 할 것입니다.

나는 하나님과 사람들 앞에서, 당신의 믿음직스럽고 사랑스러운 신랑/신부가 될 것이며, 좋을 때이든지 나쁠 때이든지, 가난하든지 부하든지, 건강하든지 아프든지, 가능한 한 오랜 시간 함께할 것임을 약속하고 서약합니다.

* **약속과 서약** — 이 단어들은 아주 고전적인 단어로 우리 귀에 들린다. 이는 마치 기념 돌판에 새겨진 로마 시대의 편지와도 같은 소리로 들릴 수 있겠다…

* **약속과 서약** — 그들은 이와 같은 단어를 매일 쓰지 않는다. 커피를 마시거나 길을 걷는 동안 이런 단어를 쓰지는 않는다…

> * **약속과 서약** — 이 단어들은 성스러운 언어로, 아브라함과 사라를, 모세와 선지자들, 사도들과 순교자들을 다시 한번 해방시켜주었던 언어이다…

약속과 서약은 하나님이 약속을 했다는 사실을 상기시켜주며, 우리가 살아가는 데에 인도, 지지, 사랑, 지원을 약속하셨음을 우리에게 깨닫게 해줍니다. 그리고 우리는 하나님에게 신실하겠다고, 정의를 행하겠다고, 사랑을 표현하겠다고, 그리고 예수 그리스도 안에서 우리의 믿음을 증거하겠다고 약속했습니다.

약속과 서약은 감정보다 깊으며, 외로움과 같은 감정들은 결혼에 있어 온전한 기초가 아닙니다. 약속과 서약은 감정에 따라 변하는 것이 아닙니다. 우리가 약속과 서약을 했을 때, 우리는 어떤 일이 있든지 간에, 더 좋아지든지 나빠지든지, 가난해지든지 부자가 되든지, 아프든지 건강하든지 상관없이 서로에게 신실한 동반자가 되기를 서약하고 헌신하는 것입니다…

> 기억하십시오![이 단어들을]아이들이 밤에 울 때,

기억하십시오! 사악한 말들을 듣게 될 때,

기억하십시오! 이러한 단어를 서로에게 말할 때,

다시 기억하십시오! 당신이 이러한 약속과 서약의

날을 만들어 갈 수 있도록 은혜와 힘을 공급하며,

영원히 사랑해줄 수 있는, 당신을 사랑하는 이의

목소리를.[78]

트로거는 이 설교문을 특별히 좋아하지는 않았다. 그가 그렇게 말했던 것은 아니지만 다른 설교문을 선택했기 때문이다. 그는 "매스미디어 세대를 위한 시각적인 설교문의 표본"을 만들고자 새로운 결혼 설교문을 준비하기로 결심했다. 여기서 "시각적인"의 뜻은 스크린에 비친 그림이나 영상을 뜻하는 것이 아니라, 이미지를 말함으로써 청자의 내면의 감정을 촉진시키는 것을 뜻한다. 다음은 트로거의 설교문이다.

---

78 Thomas H. Troeger, *Imagining a Sermon*, 39-40.

〈트로거의 설교문〉

해마다 결혼 기념일에는 결혼식 당시의 옷을 입고 거실에서 사진을 찍었다고 말하는 부부를 만난 적이 있습니다. 그들은 한평생 이를 실천하여 사진을 한 앨범에 모아두기로 계획했습니다.

캐서린과 조나단!

당신들이 결혼식 예복을 입고 회중 앞에 서 있는데, 나는 어떤 커플을 기억하고 있습니다. 나는 그들이 다섯 번째 결혼 기념일에 매년 찍기로 한 촬영을 위해 거실로 내려오던 장면을 떠올려봅니다. 그녀는 하얀색 드레스를 입었고 남편은 쓰리피스 정장을 입고 있었습니다. 그들은 사진을 위한 플래시큐브(flashcube)를 빌리려 이웃집 문간에서 기다리고 있습니다.

처음 4년 동안 그들은 전문 사진사를 고용했으나, 불행한 시간들이 해마다 지속되었습니다… 남편은 직장을 잃었고, 아내는 파트타임으로만 일하고 있으며, 그들의 둘째 자녀는 신체적인 질병을 앓고 있습니다. 마침내, 이웃이 도착했습니다. 친구는 서로 손을 잡고 벽난로 앞에 서라고 요구했습니다.

캐서린과 조나단! 당신들도 말하게 될 때서약을 이야기할 때 몇 분간은 그렇게 할 것입니다.

그들의 친구가 카메라의 초점을 맞추려고 꼼지락거리는 동안, 아내는 소파 밖으로 삐져나와 있는 쿠션을 보면서 '돈을 더 벌어야 했는데'라는 생각을 합니다. 찰칵! "이건 첫 번째 사진"이라고 친구는 말했습니다. 아내는 남편에게 말했습니다.

"당신은 우리의 서약을 기억하나요? 우린 기억했어요."

부부는 그 순간을 기억하며, 서로가 천천히 반복했습니다.

> 나는 하나님과 사람들 앞에서, 당신의 믿음직스럽고 사랑스러운 신랑/신부가 될 것이며, 좋을 때이든지 나쁠 때이든지, 가난하든지 부하든지, 건강하든지 아프든지, 가능한 한 오랜 시간 함께할 것임을 약속하고 서약합니다.

* 가난뱅이

이 단어는 친구가 터뜨리는 카메라 불빛처럼 떠올랐고, 탁자 위 전화기 아래에는 청구서 뭉치와 지킬 수 없는 의사와의 약속이 표시된 달력에 관심을 갖게 했다. 그들 사이의 표정이 급격히 바뀌어갔다.

"우리는 약속했습니다."

카메라 불빛이 다시 터졌고 "잘 될 거야"라고 그들의 친구는 이야기했습니다.

그 친구는 10년이 지나고서 다시 그 부부의 사진을 찍었습니다. 이제는 경제적으로 많은 것이 예전보다 나아진 상태였으며 남편은 새로 직장을 얻었고, 아내는 다시 학교로 돌아갔으며 꽤나 높은 자리에 올라갔습니다... 아이들도 저마다 10단 기어의 자전거를 가지게 되었습니다.

그러나 부부는 서로에게 화내기 시작했습니다. 그들이 의사에게 다녀온 후 둘째 아이는 몸이 더 나빠졌습니다. 아내와 남편은 서로에게 "만약에 일이 너무 바쁘지 않다면, 가족들에게 시간을 써줘요. 그러면 많은 것들이 달라질 거예요"라고 이야기했습니다.

15번째 결혼 기념일에 집으로 돌아온 그들은 오래된 결혼예복을 꺼내 입는 것이 너무나 피곤하고 귀찮게 느껴졌습니다. 그러다 사진사가 20분 후에 온다는 것을 알았으며, 이미 사진관을 떠났기에 결국에 비용이 지불될 것을 생각했습니다. 결국, 그들은 다락으로 올라가 퀴퀴한 옷들 사이로 들어갔다가, 지퍼를 잠그기 위해서는 한껏 숨을 들이켜야 될 정도로 살이 찐 자신들을 발견했습니다.

그리고 현관문의 벨이 울렸습니다.

사진사는 집으로 들어와 "여기로 와서 손을 잡으시고 카메라를 보며 웃어주세요"라고 말했습니다. 사진사가 찰칵거릴 때 그들은 그 순간 잊었던 서약을 반복합니다.

> 나는 하나님과 사람들 앞에서, 당신의 믿음직스럽고
> 사랑스러운 신랑/신부가 될 것이며…

약해진 불빛이 지난 십 년의 가난함처럼 빛을 내며 터지고, 약속을 나누었던 그들 사이의 표정을 바꾸었습니다.

끝으로, 나는 그들의 40번째 결혼 기념일을 설명합니다. 그들이 50번째 기념일도 이렇게 할 수 있을지 모릅니다. 남편은 2번의 심장마비를, 아내는 관절염으로 손이 휘어습니다. 그들의 손녀는 계단을 올라가서 오래된 옷을 꺼내왔습니다. 노란색 드레스에 솔기를 떼어내고 입었습니다. 남편은 바지 지퍼를 잠글 수 없었기에, 사진은 허리 위로만 찍었으며 그는 코트의 단추를 잠궈 입었습니다. 모든 것이 괜찮았습니다.

남편은 우툴두툴하고 부어오른 아내의 손을 잡았으며, 성스러운 약속을 되뇌이며 흔들리는 몸을 일으켰습니다.

> 나는 하나님과 사람들 앞에서, 당신의 믿음직스럽고 사랑스러운 신랑/신부가 될 것이며, 좋을 때이든지 나쁠 때이든지, 가난하든지 부하든지, 건강하든지 아프든지, 가능한 한 오랜 시간 함께할 것임을 약속하고 서약합니다.

아프건... 죽을 때까지... 이 단어는 결혼식을 하던 날에는 쉽게 입에서 흘러갔지만, 이제는 진지한 의미가 되었습니다.

"위층으로 올라가 필름을 더 가지고 올게요"라고 손녀는 말했습니다. 그러나 부부는 듣지 않았습니다. 서로의 눈만을 쳐다볼 뿐, 그들은 자랑스러운 기념 앨범에서 더욱 아름다운 것을, 곧 약속을 지켰다는 영광과 은혜를 보고 있었습니다.

캐서린과 조나단!

이것이 바로 당신들을 위한 우리의 기도입니다.

아무리 좋고 나쁘건, 가난하건 부유하건, 아프건 건강하건, 죽음이 갈라놓을 때까지 이 영광과 은혜의 약속을 지켜야 함을 알 것입니다. 아마도 하나님 또한 우리와 이 영원한 약속을

하셨을 것이며, 이러한 약속을 평생 지킬 수 있도록 힘주실 것을 보증하실 것입니다.[79]

이 얼마나 놀라운 반전인가!

누군가는 우리가 동일한 신학적/설교학적 내용을 가졌다고 주장할 것이다. 하지만 그러한 관찰은 교훈적 형식으로부터 에피소드 형식으로의 전환이 성취한 놀라운 변화의 위력에 대해서는 고려하지 않고 말한 것일 수 있다.

에피소드 형식 안에서 전환적 결합(transitional glue)은 마치 "사진첩의 연례 사진"이 활성화시키는 것처럼 흐릿한(thin) 움직임의 지속적인 발생이다. 크레독의 말을 한 번 더 상기해 보자면, 설교의 목적은 무언가에 대해 말하는 것이 아니라 무언가를 듣는 것이다.[80]

구체적인 플롯이 있는, 곧 내러티브 설교를 **에피스드식**(episodal)으로 이름 짓고 설명함으로써, 설교자들이 다양한 설교의 가능성에 대해 느끼기 시작하고 점차 다양해진 가능성들을 실제로 실행하게 하는 것이 나의 희망이다. 책을 집필

---

79 Ibid., 44-47.
80 Fred Craddock, *Preaching*, 167.

하고 학교에서 가르치는 우리들은 모든 새로운 설교 방식에 관해 배웠다기보다는 설교하도록 부름받고 자신에게 주어진 설교를 하고 있다고 이야기하는 학생들과 독자들을 보게 될 것이다. 바라기는, 이러한 것을 다루는 기술을 통해 설교자들이 자신만의 발전된 개념과 목표로 바꾸기 바란다.

만약 우리가 예술로부터 배울 수 있다면 예술이 시간의 흐름(time sequence)를 포함해야 한다는 그래디 데이비스의 확신은 아주 중요하다. 종종 우리가 우리의 취미와 관심에 대한 생각은 설교의 역할을 우리가 이해하는 데 매우 유용한 내러티브 현실을 깨닫게 한다. 부엌에서 요리를 하건 작업장에서 조각을 하건, 다른 활동들의 내러티브 단계(narrative stage)를 고려해보는 것은 설교의 기술을 배우는 데 있어 지대한 기여를 할 것이다.

데이비스의 지휘에 따라, 우리가 설교라고 부르는 것을 더 잘 이해하기 위한 우리의 다음 주제는 아리스토텔레스가 했던 이야기와 삶의 음악적 경험, 특히 재즈를 조합하는 것이 될 것이다.

제3장에서는 "아리스토텔레스 블루스(*Aristotle Blues*: 토니 코에 [Tony Coe] 작곡)와의 만남"을 제목으로 플롯에 대한 아

리스토텔레스의 이해와 설교 작업에 있어 재즈의 즉흥연주를 조합하고 선택된 성경 구절에 그것을 적용해보고자 한다. 예일대학교와 맥아피신학대학원에서 이와 같은 음악과 설교학적 경험의 연결이 시작되었다.

예일대학교에서 트럼펫 연주자인 맥 맥쿤(Mac McCune)과 트럼본 연주자인 카를로스 섬머스(Carlos Summers)와 함께 연주했다. 독자들은 이 기록된 생생한 사건을 인터넷으로도 경험할 수 있을 것이다. 제3장의 시작에서 그 연결을 살펴보라.

Chapter 3

아리스토텔레스 블루스와의 만남

이장을 온전히 이해하기 위해서는
http://www.abingdonpress.com/the-homiletical-beat/,
옆에 보이는 QR 코드를 통해서 녹화된 음악을 들어보라.

제2장에서 나는 "우리가 만약 다른 예술로부터 배우기를 바란다면, 우리는 시간의 흐름에 바탕을 둔 예술로부터 배워야한다"고 말했던 그래디 데이비스의 심오한 관찰에 주목하면서 내용을 전개했다.[1]

1　Henry Grady Davis, *Design for Preaching* (Philadelphia: Fortress Press, 1958), 164.

이제 아리스토텔레스[2]의 도움을 받아 그에 관하여 정확하

---

2 이 장은 2009년 예일대학교에서의 "라이먼 비쳐 강좌"(Lyman Beecher)와 2011년 머서대학교(Mercer University) 맥아피신학대학원(McAfee School of Theology)의 "윌리엄 셀프(William Self) 강좌"에서 발표한 것이다. 나는 다른 두 사람의 음악가를 연결했는데, 한 사람은 트럼펫 연주자인 미주리 주, 브랜슨(Branson)의 맥 맥쿤(Mac McCune)이고 또 한 사람은 트럼본 연주자인 아칸소 주, 콘웨이(Conway)의 카를로스 섬머스(Carlos Summers) 목사이다. 재즈의 표현 양식 안에 있는 이러한 음악적인 요소를 활용하는 목적은 설교의 기교 안에 있는 내러티브 흐름의 중요성을 제대로 이해하기 위해서 플롯과 관련한 아리스토텔레스의 관점들을 파악하는 데 도움을 주기 위해서이다. (이하 역주) 특별히 이 장을 이해하기 위해서 재즈(Jazz)와 관련한 몇 가지 정보를 파악하면 도움이 될 것 같다. 재즈는 미국에 뿌리를 둔 매우 다양한 형식을 가진 음악의 거대한 이름이다. 초기의 재즈는 뉴올리언즈(New Orleans)의 거리에서 흑인에 의해 연주되고 있었지만 이제는 전세계의 많은 사람에 의해 연주, 전파되고 있다. 재즈의 기본요소는 즉흥성(Improvisation)이다. 이 즉흥성이야말로 라우리가 자신의 설교이론에 재즈의 음악적 요소를 결합하고자 하는 첫 번째 모티브가 된다고 할 수 있겠다. 때문에 재즈는 어떠한 연주에서도 새로운 즉흥적인 창조가 일어나며 이 즉흥연주는 고도로 지적인 세련된 재능을 필요로 하는 매우 어려운 작업이라고 할 수 있다. 특히 라우리는 재즈의 음악 형식 중 하나인 블루스(Blues)를 언급하고 있다. 블루스는 또 다른 재즈 형식인 흑인영가가 종교적이며 희망적인데 비해 세속적이며 비관적이다. 흑인들이 일상생활에서 느끼는 비애를 노래한 것으로 "블루"(Blue)란 색깔이 암시하는 것처럼 우울한 노래이다. 그러나 블루스에는 재즈의 음악적 특징이 가장 잘 나타나 있다. 라우리는 블루스가 가진 이 우울함의 특징을 통해서 복음이 가진 특징을 드러내고자 했다. 곧 절망적인 현실 가운데서도 복음이 주는 희망의 역설을 재즈가운데서도 블루스가 가진 성격에서 표현할 수 있다고 본 것이다. 블루스는 우선 특이한 음계로 구성되어 있는데, 이를 "블루 노트"(Blue Note)라고 한다. 보통의 장조 서양 음계와 비교해볼 때 3음, 5음 그리고 7음이 반음씩 내려가 있다. 그러나 이 음계는 멜로디를 이끄는 데에만 사용되고, 화음으로 반주하는 데에는 서양의 장조 화음을 사용한다.

게 설명할 수 있기를 소망해본다.

오래전 내가 대학교 2학년 때 한 감리교 주교가 나를 "학생의 담당자"로 임명하면서, 나는 토론방에서 설교 강단으로 옮겨갔다. 그 당시 영적으로 갈급함을 가졌던 사람들은 나의 첫 설교를 인내하며 들어주는 대가를 치렀다. 그리고 이 설교 사역은 신학교를 다니는 동안 계속 지속되었다.

그 당시 나의 설교는 연역적이고 공격적이었으며 결론을 강요하는 식이었다. 당시 나의 첫 설교를 보신 어머니는 자신의 감상을 말씀하시며 "유진, 아주 근사했어"라고 하셨다. 그리고 잠시 후엔 그렇지만 "좀 공격적으로 들리긴 했어"라는 말을 덧붙이셨다.

이 말이 사실임에 틀림없으나 의외인 것은, 재즈와 관련한 나의 경험 때문이다. 나는 피아노 『톰슨 입문서』[3]를 끝낸 형에게 복수하기 위해 유치원에 들어가기 전부터 피아노 연주를 시작했었다. 그때, 나는 형이 『톰슨 입문서』의 도움으로 연주하던 곡들을 귀로 듣고 외워서 연주하곤 했다. 이런 나의 행동

따라서 블루스 멜로디와 화음 반주가 묘한 불협화음을 내는데, 이 음향이 재즈란 인상을 강하게 심어준다고 한다-역주.

3 피아노 교본의 이름-역주.

은 형을 매우 화나게 하는 것이었지만, 내게는 기쁨이었다. 얼마 지나지 않아 부모님은 나에게 피아노 레슨을 시켜야겠다고 결정하셨고 그 때가 내 나이 5살 때였다.

7학년이 되고 고등학생이 운영하던 재즈 밴드에서 피아노를 연주했다. 나는 고등학교 시절 내내 내가 주도해서 만든 댄스 밴드를 운영했으며, 블루스 밴드에서 트롬본을 연주했다. 대학에 가서는 "더 블루스 노츠"(The Blues Notes)라는 밴드를 운영했는데, 내가 소속된 교구의 위원회에서 지역 교구 목사님이 이런 밴드를 운영하는 것은 적절치 못하다고 지적하실 때까지 계속했다.

여러 해가 지나 나는 누군가 나에게 다음과 같은 말을 해 주기기를 바라게 되었는데, "너는 설교를 준비할 때, 피아노를 연주하는 것과 같은 방식으로 설교를 준비해"라는 말이었다. 만약 그랬다면, 몇 년 더 빨리 내러티브 설교의 원리를 이해할 수도 있었을 것이다. 내가 재즈 즉흥연주를 배웠을 초기에 사람들은 단순한 곡들을 선호했고, "멜로디와 하모니가 연주되면서" 음악은 또 다른 방향으로 흘러갔다. 그리고 점차 복잡해졌고, 더 흥미로워졌으며, 마지막 후렴구는 다시 처음으로 돌아갔다.

설교에 대한 나의 초기 논쟁적이고 연역적 방식의 접근은 드류대학교에서 신학 과정을 공부할 때, 설교학 수업에 그렇게 큰 도움이 되지 않았다. 그 때의 주 교재는 일리온 존스(llion T. Jones)의 『설교의 원칙과 실천들』(*Principles and Practices of Preaching*)이었다. 그의 관점은 몇몇 아이디어가 "떠오른" 이후에, 3단계로 그 준비 과정이 시작된다는 것이었다.

첫 번째 단계는 아이디어가 아주 선명해질 때까지인데, 존스는 "아이디어가 담고 있는 정확한 진리"가 나올 때까지 작업을 해야 한다고 했다.

두 번째 단계는 이제 그 아이디어로 무엇을 할 것인지를 생각해 내야 하는 단계이다. 존스는 자신이 의도하는 설교의 "목적"을 명료화하기를 원했다.

"설교의 목적을… 간단한 언어로 명료화해서 말하세요!"

세 번째 단계는 "설교의 기초로 삼을 수 있는 적절한 성경구절을 찾으라"고 했다.[4]

나는 설교 준비를 하던 당시 실제로 존스의 충고에 대해서 주의를 기울일 필요를 느끼지 못했다. 불행하게도 나는 이미

---

4 Illion T. Jones, *Principle and Practice of Preaching* (New York: Abingdon Press, 1956), 71.

대학생 설교자였기 때문이다.

10년이 지나지 않아 나는 설교의 서사성의 개념에 대해 마침내 이해하기 시작했다. 그러나 아직도 여전히 논리적이었고, 산만했으며, 강압적 방식이었다. 하지만, 그때 나는 그 분위기와 목적을 보다 큰 영역에서 발견하기 시작했다. 그 무렵 시간과 공간 사이의 차이점을 이해하기 시작하면서, 『강단 위에서 설교하기』를 집필했다.

당시 이 책에서 논했듯이, 설교는 공간적 대상이 아니라, 시간 안에서 일어나는 사건이다. 이 작업은 음악처럼 나아가는 움직임이다. 설교는 서두에서 시작되며 끝에서 멈춘다. 한 박자 한 박자 이어지면서 실행되는 것이다.

피아노의 한 음계는 점차 증가하는 복선과 최종 해결을 건반 중간 도(C)로부터 전체 옥타브로 천천히 움직이며 표현한다. 그래서 타이밍은 결정적이다. 만약 당신이 높은 도(C) 음에 지나치게 빨리 도달한다면, 그 음악을 망치게 될 것이다.

음악에서 긴장/해결의 12가지 요소와 제레미 벡비(Jeremy Begbie)를 기억하라.

어떤 형태이든 모든 설교의 기초로서 내가 '플롯'이라고 처음 이름 짓는 데 이해의 도움을 준 사람은 아리스토텔레스였다.[5] 아리스토텔레스는 고전적인 플롯의 단계를 완전히 파악했고 편협되고 산만한 개념을 주로 사용하던 나를 매료시켰다. 이제 "아리스토텔레스 블루스"(*Aristotle Blues*)를 만나는 것은 이러한 단계를 보다 잘 이해하는 데 도움을 줄 것이다.

1. 플롯의 단계 1: 갈등

설교는 불안정함에서 시작된다. 실제 설교에서 이러한 갈등을 주된 흐름으로 가져가야만 하는 것은 아니다. 때로는 약간의 작은 놀라움, 기대하지 않았던 무엇인가와 같이 당신을 이끄는 무언가가 있으면 된다. 예컨대, 고전적인 찬송가인 "나 같은 죄인 살리신"(*Amazing Grace*, 새찬송가 305장)를 떠올려보라.

---

5 Eugene L. Lowry, *Doing Time in the Pulpit* (Nashville: Abingdon Press, 1985), 64.

나 같은 죄인 살리신
(*Amazing Grace*)

우리는 이 찬송가를 다양한 방식으로 들어왔다.

이 같은 상황에서 사람들의 귀를 사로잡기 위해 음악가가 다르게 진행 할 수 있는 방법에는 어떤 것이 있을까?

한 가지 방법은 첫 구절부터 화음(chord) 하나를 바꾸면 된다. 이 한가지만 하면 된다. 결과는 같아지겠지만, 다른 도입 방법을 통해 기대하지 않았던 세 가지를 얻을 수 있다. 더 많이 변화된 화음의 구조는 긴장을 고조시키고 결국 안정감의 만족을 줄 것이다.[6]

이 내용을 적용하는 데 있어 누가복음 24:23-35에 나오는 엠마오 도상의 두 제자를 떠올린다. 처음 던질 수 있는 질문은 다음과 같다.

"그 길 위에서 그들은 무엇을 하고 있었는가?"

본문은 이미 그 모임의 인원이 예수님의 어머니인 마리아, 베드로, 무덤으로 향해가는 몇몇의 사람이라고 말하고 있다.

---

6 오디오는 다음 웹사이트에서 들을 수 있다. http://www.abingdonpress.com/the-homilectical-beat/will demonstrate.

그 모임은 "11명과... 그리고 나머지 사람들이다"(눅 24:9). 그런데 지금은 "그들 중 두 사람이 엠마오라는 마을을 향해 걸어가고 있었다"(눅 24:13)고 말한다.

"그들 중" 두 명은 누구인가?

그들 무리가 무덤 가까이에 웅성거리며 모였을 때, 그들은 무엇을 하고 있었나?

어떤 여인이 무덤으로 갔을 때, 돌이 굴러간 것을 발견했으며, 눈부신 옷을 입은 부활한 예수님과 이야기를 나누고 있는 두 명의 남자를 만났다. 그녀는 제자 그룹 전체에게 이 사실을 알렸지만 그들은 부질없는 이야기로 일축해버렸다(지금도 여전히 이런 일들은 일어나고 있다). 베드로는 단숨에 확인해보고자 무덤으로 갔으나, "그들 중 두 명"인 글로바와 그의 친구는 무덤이 아니라 엠마오를 향해 걷고 있었다.

왜 그랬을까?

다른 사람들은 그 무리 속에서 자신들의 지도자가 영원히 떠나버린 것에 깊이 절망하며 서로를 안아주었다. 그리고 또 다른 사람들은 죽음이 마지막을 의미하는 단어가 아닐 수 있다는 새로운 희망 속에서 서로를 껴안고 있었다.

설교에서 "왜?"라는 질문은 공동체로부터 떨어져 나와 다른 길을 걷고 있는 그 두 사람이 무엇 때문에 이해할 수 없는 여행을 곧바로 떠났는가를 묻는 질문이다. 이제 그들은 길 위에서 그들의 친구인 예수님을 만났을 때조차 예수님을 알아보지 못하는 더욱 이상한 상황이 벌어지면서, 예수님과 두 번 분리되는 일이 발생했다.

이 모든 일은 엠마오에서 있었던 일이다. 손님이 식사에 초대되었고 그들은 드디어 그분이 누구신지 알게 되었다. 하지만 곧바로 예수님은 사라지셨으며(분명히 거룩한 유머가 느껴지는 손길이다), 그후 그들은 재빨리 예루살렘을 향해 돌아갔다. 이것을 우리는 반전이라고 할 수 있을 것이다.

우리는 그들을 보며 안타까운 마음을 가질 수 있다.

부끄러운 마음을 가질 수도 있지 않을까?

지금은 깜깜한 어두움의 시간이다.

그들이 엠마오로 향하여 낮에 걸었지만, 지금은 해가 저물었고 어둠 속에서 길을 떠나야 한다. 하지만 어두움 그 자체에 마음을 뺏기지는 말라. 그들이 어둠 속에서 길을 걷고 있던 그 시간은 태양이 빛나던 낮이었다. 지금, 해는 저물고 시간이 오래지났지만 그들은 오히려 빛 속에서 걷고 있다!

왜 그들이 길에서 벗어나게 되었는지 그 이유를 묻는 것은 이 이야기에 대한 이해를 상당히 색다른 여행의 이야기로 바꾸는 것이다. 이것은 다른 문을 통과함으로 촉진된다.

때로 거기에는 더 명백한 갈등이 있기도 하다. 예컨대, 폴 스캇 윌슨(Paul Scott Wilson)은 이질적인 현실의 만남, 곧 병렬에 대해 이야기했다. 이러한 병렬은 "양치기 블루스"(*Swinging Shepherd Blues*)가 정확히 담아내고 있다.

 ## 양치기 블루스
(*Swinging Shepherd Blues*)

"양치기 블루스"는 거의 모든 마디에 긴장/해결이 번갈아 가며 등장하는 노래이다. 제2장에서 벡비(Begbi)가 주장한 이미지를 떠올려보면, 이 곡에는 긴장/해결의 에피소드가 중복되어 나타난다. 불협화음이 다음 리듬(beat)이나 운률(measure)에서 더 명료하게 조화를 이루며, 곡이 진행되면서 잇따라 또 다른 형식의 갈등이 등장한다. 이 곡은 노래와 비유가 연속적으로 반복되는 긴장/해결의 형식으로 완성된다.

"돌아온 탕자" 이야기가 이 같은 형식을 잘 보여주고 있다.

> 아시잖아요, 아버지. 우리는 당신을 사랑하지만 아
> 버지는 언젠간 돌아가시겠지요. 하지만 저는 여기에
> 서 살고 있어도 이곳에서는 무엇을 해야 할지 아무
> 계획도 세울 수가 없어요. 아버지, 당신은 당신이 돌
> 아가셨을 때를 생각해보신 적이 있나요?

이 일이 있은 후, 아버지는 자기 재산을 두 아들에게 나누어주었다. 둘째 아들은 먼 나라로 떠났으며 그는 그곳에서 화려한 시간을 보냈다.

"이번엔 내가 돈을 내지!"라고 둘째 아들은 외쳤다.

그러나 얼마 지나지 않아 기근이 들이닥치고, 그가 가진 돈은 거의 다 떨어지고 말았다. 하지만 그는 자신의 친구들처럼 곧바로 고향에 돌아가지 않았다. 그는 정착할 곳을 찾았으며, 한 친절한 농부의 농장에 고용되어 돼지들에게 사료 먹이는 일을 하게 되었다. 그는 이제 인생을 돼지의 시선에서 바라보게 되었는데, 아무도 그에게 먹을 것을 주지 않았으며 그는 돼지가 먹는 것이라도 먹어야 하는 신세가 되고 말았다.

결국, 둘째 아들은 자기 스스로 깨닫게 되었다(이 구절을 주시하라). 헬무트 틸리케(Helmut Thielikcke)는 아들이 집에 돌아

오게 한 것은 그가 돼지우리를 지겨워한 것 때문이 아니라고 말했다. 그로 하여금 돼지우리를 지겨워하게 만든 것은 자신의 집에 대한 그의 생각 때문이었다.[7]

둘째 아들이 집을 향해서 갈 때, 그는 집을 떠날 때 자신이 했던 말을 기억하고 있었다. 그러나 그의 아버지는 길까지 달려나와 안아주고, 예복을 입히고, 반지를 끼워주고, 신발을 신겨주었다. 결국, 집을 떠날 때 했던 그의 말은 더 이상 의미가 없어졌다. 지금은 파티를 위한 시간이다.

벡비가 지적한 바와 같이, 여기에는 목적론적인 원리가 포함되어 있다. 그것은 방향성이다. 우리는 실제로 본문과 노래가 어디를 향해 가고 있는지를 알고 있다. 분명 노래들의 방향을 다르게 하는 방법은 실로 많이 있다.

데이비드 쉴라퍼(David Schlafer)는 설교의 유형을 플롯의 과정을 통해, 설교자가 자신의 생각을 담아 전달할 수 있는 가능성에 따라 최소 3가지 모델을 기록했다. 그것들은 **논리, 이미지, 이야기**이다.[8]

---

7 Helmut Thielicke, *The Waiting Father* (New York: Harper and Brothers, 1959), 27.

8 David J. Schlafer, *Surviving the Sermon: A Guide to Preaching for*

시편 23편에 나오는 이미지들을 가지고 설교한다면, 설교자는 자신의 생각에 담긴 분위기와 느낌을 더욱 쉽게 전달할 수 있을 것이다. 예수님의 비유를 가지고 설교한다면, 회중들은 아마도 설교자가 좀 더 폭넓은 이야기의 형식으로 이 비유를 설명할 것을 기대할 수도 있을 것이다.

만약 갈라디아인과 바울의 논쟁이 다루어진다면, 논리가 바로 해결의 열쇠가 될 것이다(한 방법론이 핵심이 되면, 나머지 두 가지는 주변적인 것이 된다는 것을 알아야 한다). 갈등, 불협화음, 복잡화, 갑작스러운 반전 등은 설교의 형태와 모두 관련이 있는 것이다. 그러나 본문과 설교의 목적에 가장 잘 맞을 수 있도록, 그 기능은 설교의 형식에 따라 다르게 결정된다.

그러나, 애석하게도 설교자는 때때로 중대한 전략적 실수를 저지른다. 그들이 설교의 결론에 너무 빨리 도달하고자 하는 유혹은, 첫 부분의 긴장을 충분히 고조시키지 않고 최종적 해결로 향하도록 하게 된다는 것이다.

따라서, 바로 지금, 설교자들은 본문의 핵심적 이슈와 더욱 씨름할 수 있어야 한다(불안하고 초조한 일부의 설교자들이 얼마나

Those Who Have to Listen (Cambridge: Cowley Publications, 1992), 63-76.

빨리 "예수님에게 도달"하는지를 주목해보아야 한다). 결말이 만족스럽게 느껴진다. 만약 우리가 이 같은 점에 좀 더 관심을 기울이지 않는다면, 불분명한 결론에 이르고 너무 빨리 목적지에 도달하게 될 것이다. 아마도 불안하고 초조한 설교자들이 그렇게 할 가능성이 크다. 크레독이 우리에게 말한 것처럼, 완성을 늦추는 것이 여기에서 결정적인 역할을 한다.

불행하게도, 교훈을 제시할 때 주로 지연을 지속시켜 나가는 결정적인 전략이 무산되어 버린다. 예컨대, 오늘날 일부 크리스천들의 실패를 거명하는 것은 즉시 회중으로 하여금 제자도에 더 온전히 헌신하라는 생각을 불어넣음으로써 설교를 잠들게 한다. 이렇게 되면, 설교는 마치 새해에 흔히 하게 되는 다짐처럼 "우리 더 잘해 봅시다"라는 강력한 복종의 윤리에 빠지게 된다.

그러나 여기에는 그리스도의 복음도, 권능도 부여되지 않으며 그저 도덕적인 조언만이 있을 뿐이다. 설교의 마무리를 지연하는 목적은 본문을 다룰 때 주제를 깊이 연구하게 해서 복음의 능력이 선포되기 위함이다.

그렇다면, 지금 필요한 것은 무엇일까?

2. 플롯의 단계 2: 복잡화

 햇빛 가득한 길 위에
(*On the Sunny Side of the Street*)

설교의 성패가 달려있는 주제의 긴장감을 고조시키기 위해서는 무엇인가 필요하다. "햇빛 가득한 길 위에"[9](*On the Sunny Side of the Street*)라는 노래는 이 점을 보여준다.

많은 예술가들은 듣는 경험 그 이면에 자리한 진짜 주제를 놓쳐버리곤 한다. 악보 한 장은 음악가가 어떻게 노래하고 또 연주해야 할지를 알려준다. 악보에 있는 "활달하게"[10](*Giocoso*)는 "즐겁게, 활기차게, 장난스럽게"를 의미한다. 노래 전체에 이런 지시는 노래를 망치는 것이며, 잘못된 것이다.

왜 어떤 이에게는 "활달하게" 연주하도록 요구할까?

아마도 앞선 내용에서 육체적 사랑으로 중단된 (종종 악보에 빠져있는) 외로운 이야기가 등장했기 때문에 나타난 실수일 수

---

9 1930년대 도로시 필즈(Dorothy Fields)의 작시와 지미 맥휴(Jimmy McHugh)의 작곡으로 만들어진 밝은 감성의 재즈 노래이다-역주.
10 이탈리아어로 악보에서, 익살스럽고 즐겁게 연주하라는 뜻-역주.

도 있다. 그러나 악보에 제시된 긴장/해결의 모티브는 외로움에서 사랑을 향한 움직임을 조금은 내포하고 있다. 그 실제적인 힘은 그 음악이 작곡될 때의 지독히 힘들었던 역사적 상황으로부터 나온 것이다.

도로시 필즈(Dorothy Fields)는 대공황(Great Depression) 당시, 월스트리트(Wall Street)의 은행들이 망하던 해에 이 노래를 작곡했다. 이 노래에서 가장 강력하고 가슴 아픈 순간은 노래에서 "내게는 한 푼도 없지만"이라는 구절로, 이 가사는 분명히 1930년에나 가능했던 것이었다.

> 내게는 한 푼도 없지만,
> 나는 록펠러와 같은 부자가 될 거야!
> 햇빛 가득한 길 위에 금가루가 내 발 앞에 있어요.

이 노래는 대공황이라는 가장 절망적인 순간 속에서도 좋은 소식이 있을 수 있다고 주장한다. 음악은 이처럼 그저 밝고 경쾌하라고만 지시하는 것이 아니라, 엄청난 아픔 한가운데에 자리한 희망을 터치하고 드러내야만 한다(음악 "아리스토텔레스 블루스"는 이를 매우, 매우, 잘 이해하고 있으며, 축제도 갈등을 표출한다는 것도 잘 알고 있다).

따라서 재즈의 강력한 힘은 해당 음악이 작곡되던 당시의 역사적인 상황과 그 속에서 존재했던 인간의 이야기를 연결시킨 것이라고 볼 수 있다.[11]

여기서 바울이 빌립보 사람들에게 보낸 편지에 대해서 생각해보자. 그 편지의 구절들은 지나치게 낙관적이었다. 나는 이 서신서보다 "크게 기뻐하라"는 구절이 여러 번 나타나는 바울의 서신을 발견하지 못한다. 그는 반복해서, 자신이 기뻐하고 있다는 것을 이야기하는 것만이 아니라 빌립보의 교인들 또한 자신처럼 기뻐하기를 재촉하고 있다.

빌립보서 3장에서 바울은 다음과 같이 전한다.

> 형제들아 나는 아직 내가 잡은 줄로 여기지 아니하고 오직 한 일 즉 뒤에 있는 것은 잊어버리고 앞에 있는 것을 잡으려고 푯대를 향하여 그리스도 예수 안에서 하나님이 위에서 부르신 부름의 상을 위하여 달려가노라(빌 3:13-14).

---

11 Dorothy Fields and Jimmy McHugh, "On the Sunny Side of the Street" (New York: Shapiro, Bernstein & Co., 1930).

이러한 바울의 말은 번영에 대한 연설을 하는 것 같으나 실제로는 그렇지 않다.

바울이 앞의 것을 잡으라고 말할 때, 그는 도대체 얼마나 멀리 있는 것을 잡으려고 한 것일까?

아마 8피트!(약 24센티미터-역주) 혹은 그보다 좀 더하려나!

그런 다음 바울은 감방의 쇠창살과 정면으로 마주칠 것이다. 그는 현재 감옥에 있고, 이 시간은 자신의 마지막 시간이 될 것이다. 우리는 이 본문을 택한 설교자가 1장, 2장과 3장의 첫 부분을 기억하기를 바랄 수 있다. 그리고 바울이 그 구절에서 자신이 죽어 그리스도와 함께 있든지, 다시 빌립보로 돌아가 그들과 함께 있든지, 어느 것이 더 좋은지 모르겠다고 말한 것을 떠올려보라.

바울은 자신이 그리스도와 함께 있는 것을 좋아한다고 결론 내렸지만, "여러분의 진보와 기쁨"을 함께 나누기 위해 그들에게 돌아갔어야 했을 것이다. 하지만, 분명 그는 다시 돌아가지 못했다(빌 1:25).

어떻게 바울은 기뻐할 수 있었을까?

자, 빌립보서 1:21을 다시 떠올려 보자.

> 내게 사는 것이 그리스도니 죽는 것도 유익함이라
> (빌 1:21).

바울이 처한 **이와 같은** 현실은 절대적인 절망을 피하기에 충분하다. 그렇기 때문에, 오로지 그리스도 때문에 그가 기쁨을 이야기하는 것은 당연한 것이다. 빌립보서 1:21은 구금이라는 긴장에 대한 복음적인 해결을 보여주는데, **이 시점에서 선포의 타이밍은 가장 결정적인 요소이자 모든 것이라 할 수 있다.**

만약 당신이 그 상황을 놓치면, 추친력을 잃게 된다. 만약 당신이 바울의 구금을 가장 먼저 언급해버렸다면, 반전의 힘은 차츰 자취를 감추어 버릴 것이다. 그래서 순서가 결정적이다. 버트릭은 설교가 본문의 순차적인 시간 흐름을 그대로 따르지 **않는 것**이 때때로 얼마나 필요한지 말했다.

음악에서 플롯을 복잡하게 하는 또 다른 방법은 바로 화음으로 충격을 주는 것이다. 합창은 매우 경직된 화음으로 시작하거나, 천천히 진행하다가 아주 조용히 소리를 줄이기도 한다. 그러나 연주자가 강한 불협화음을 연주한다면, 합창에서 화음으로 돌아갈 때까지 그 효과는 충격적이다. 한 번 충격이 발생하면 '애초'의 합창으로는 돌아갈 수 없다. 그동안 일어난 불협화음의 충격으로 이제 새로운 화음이 이루어져야 한다.

출애굽기 32:6부터 시작되는 구절도 같은 방식으로 작용한다. 모세는 산으로 올라간다. 그는 하나님과 대화를 나눈다. 하지만 행복한 대화는 아니다.

하나님은 "나는 분노와 함께 불타오르고 있다. 그리고 모세, 네가 이집트에서 데리고 나온 이 사람들은 이전과 같은 방식으로 행동하고 있다. 당장 내려가라"(출 32:7-8, 의역)고 말씀하신다. 하나님은 자신이 행하실 것에 대해 약속하거나 말씀하지 않는다.

> 여호와께서 또 모세에게 이르시되 내가 이 백성을 보니 목이 뻣뻣한 백성이로다 그런즉 내가 하는 대로 두라 내가 그들에게 진노하여 그들을 진멸하고 너를 큰 나라가 되게 하리라(출 32:9-10).

모세는 하나님의 분노에 대하여 이렇게 반응한다.

> 모세가 그의 하나님 여호와께 구하여 이르되 여호와여 어찌하여 그 큰 권능과 강한 손으로 애굽 땅에서

인도하여 내신 주의 백성에게 진노하시나이까
(출 32:11).

모세는 하나님에게 **"당신의 종"**인 이스라엘, 이삭, 아브라함과 오래 전에 맺었던 약속과 서약을 기억할 것을 요청한다. 사실 그는 하나님과 맺었던 특별한 약속을 구체화한 것이다.

맹렬한 노를 그치시고 뜻을 돌이키사 주의 백성에게
이 화를 내리지 마옵소서(출 32:12).

모세는 변함없으신 하나님이 되시기를 간청한다. 당신 자신에게 신실하라는 것이 모세의 핵심적인 최고의 전략이었던 것이다. 여러분은 그 대화 속에서 누가 누구인지와 누가 무엇을 담당했는지에 대한 완벽한 반전을 발견할 수 있는데, 우리가 그동안 그곳에 있었기 때문에 또 다시 반복되는 것은 아무것도 없다.

여호와께서 뜻을 돌이키사 말씀하신 화를 그 백성에게 내리지 아니하시니라(출 32:14).

여기에는 긴장을 증가시키는 또 다른 방법이 있는데, 플롯을 복잡화시키는 것으로써 음악 형식에 대한 경험으로부터 나는 그것을 알 수 있다. 유명한 재즈 아티스트인 캐논볼 아들리[12](Cannonball Adderley)는 "자비, 자비, 자비"(Mercy, Mercy, Mercy)라는 노래를 불렀다.

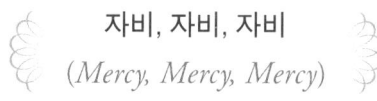

자비, 자비, 자비
(Mercy, Mercy, Mercy)

비록 많은 작사가들이 선율에 맞추어 각자 다양한 다른 가사를 사용하기도 하지만, 캐논볼의 공연에서는, 제목을 제외하고는 아무것도 사용하지 않았다. 그가 음악이 나오기 전에 녹음을 위해 몇 마디 말을 하지만, 음악이 표현하는 선율만 흐르게 했다.

"그런데 있잖아"(You Know)라는 말로 이 노래는 시작한다.

---

12 캐논볼 애덜리(Cannonball Adderley, 1928-1975)는 재즈 색소폰 연주자로, 1928년 플로리다 주에서 태어났으며, 어린시절 먹성 때문에 캐논볼이라는 별명으로 불렀다고 한다. 캐논볼 애덜리는 존 콜트레인과 더불어 하드 밥(Hard Bop) 재즈의 대표적인 색소폰 연주자로 꼽힌다-역주.

때때로 우리는 불행에 대비하지 못하지!
이런 일이 발생하면, 우리는 당황하게 되지!
고난은 우리 모두를 사로잡지!
나는 이 음악을 작곡한 나의 피아노 연주자로부터
그것을 알게 되었지!
이 음악은 당신이 어려움에 처했을 때 하게 될 말과
같아!
그것은 자비, 자비, 자비!

이렇게 음악은 시작한다. 당신은 흐느끼는 소리를 들을 것이며, 아마도 자비를 바라는 흐느낌 이외에도 다른 외침도 듣게 될 것이다. 노래 가운데 반복되는 순간들이 있는데, 우리의 삶 가운데 자비를 요청한 이후에 긴 침묵과 같이 완벽한 침묵으로 가득 찬 순간들이 있다. 이렇듯 침묵이라는 수단은 글자 그대로 노래 속에 반복적으로 자리한다.

이러한 침묵이 일어날 때마다 사람들은 앞으로 몸을 기울여 그 침묵이 끝나기를 기다린다. 침묵의 순간은 노래에서 가장 강력한 부분이다. 침묵, 이것이야말로 침묵의 진짜 존재감이다.

정말 그렇다! 당신은 때때로 "자비, 자비, 자비"를 외치며 눈물 흘리는 것이 할 수 있는 전부일 때가 있다. 그리고는 기다린다. 부재중 임재가 있는지 보기 위해서 기다린다. 버트릭(George Buttrick)은 1931년의 "라이먼 비처 강좌"에서 세상은 "침묵으로 말씀하시는 하나님과 친구가 되는"[13] 설교자의 말에 귀를 기울일 것이라고 했다. 복잡화의 다른 형태는 하나의 노래에서 다양한 의미를 존재하고, 심지어 모순되는 의미를 포함하는 음악적 경험에서 나타난다.

주의 눈이 우리를 지켜 보신다
(His Eye Is on the Sparrow)[14]

"주의 눈이 우리를 지켜 보신다"에 복잡화가 나타난다. 그 다음 구절은 꽤나 슬프다.

"나는 왜 낙심해야 하는 걸까요?"

13　George A. Buttrick, *Jesus Came Preaching* (New York: Charles Scribner's Sons, 1931), 140.

14　1905년 시빌라 마틴(Civilla D. Martin)의 작사와 찰스 가브리엘(Charles H. Gabriel)의 작곡으로 만들어진 복음성가로 다윗의 시편(32:8)과 마태복음(6:26)에서 영감을 얻고 작곡한 노래이다. 이 노래는 우리말 가사로 번역될 때에는 "주의 눈이 우리를 지켜 보신다"는 제목으로 의역되어 사용되고 있다-역주.

이 질문은 네 가지로 이어지는 질문 가운데 하나인데, 이 짧은 질문은 그리 수사적이지는 않다. 이 문장은 누군가 깊이 낙담했음을 은연중에 알려주는 것처럼 보인다. 간략하고, 짧고 강렬한 구절은 짧은 안내문과도 같다.

"어두움의 그림자는 왜 다가오는 걸까요?"

오! 마음이 더 불편해진다.

"왜 내 마음은 외로워야 하는지"

정말로!

"저 천국과 본향을 그리워하네."

얼마나 절망적인가!

"주님이 나의 일부일 때는 언제일까요?"

여러분은 마지막 구절이 물음표로 끝났음을 알아챘는가?

그리고는 "가장 가까운 친구는 바로 주님이지요"라는 구절은 "참새를 살피시는 주님이 나를 지켜보고 계심을 알아요"라는 믿음의 확신을 불러일으키지 않는다.

소리가 그렇게 들려야 한다면, 정말 그래야만 하는가?

명백한 불확실성 속에서 구절들이 얼마나 축 처지는지 확인해보라.

이 노래가 늘 이런 식으로 연주되는 것은 아니지만, 마하리아 잭슨(Mahalia Jackons)의 연주를 들어보면 더욱 분명해진다. 하지만 빠르고 역동적 확신의 합창이 따라 나온다.

"나는 노래해요, 나는 행복하기 때문이죠."

"나는 노래해요, 나는 자유하기 때문이죠."

밤부터 낮까지, 분명히 아주 멋진 축제이다.

"주님은 우리를 바라보고 계십니다."

음악적으로, 이 구절부터 아주 다른 세계이다.

"그리고 주님이 나를 지켜보고 계심을."

음악은 느린 흐름에서 흥겨운 분위기로 넘어간다.

참으로 놀랍지 않은가?

우리는 너무나 힘든 역경에서 헤아릴 수 없는 기쁨으로 뛰어들었다. 하지만 아주 작은 것이라도 붙들고 기다려야 한다. 여기에 두 개의 구절이 더 있다.

두 번째 구절은 의심과 두려움에 관하여 말하고 있으며, 세 번째의 구절은 더욱 나빠지고 있다.

> 유혹이 있을 때마다, 슬픔과 걱정의 먹구름이 일어
> 날 때마다, 내 안의 희망이 죽었을 때에도,
> 찬양은 한숨 돌릴 자리를 만들어 줍니다.

나는 하나님께 가까이 나아갑니다.

내 안에 희망이 사라졌을 때?
그렇다!
여기에서 후렴은 다시, 최고의 희망과 함께 울려 퍼진다.

우리는 여기서 반복되어지는 긴장/해결의 방식과 노래의 가사/후렴, 역경/은혜의 문제들을 다루고 있다. 이것은 단순한 모순보다 훨씬 더 심오하다. 축제에 긴장이 늘 존재하고 있음을 주지하라. 이 시간은 단순히 의미 없는 좋은 시간이 아니다. 화음 속에 승리가 존재한다.

핍박 중의 사람들은 어떤 사람들보다도 위의 내용을 훨씬 더 잘 이해할 수 있을 것이다. 복음의 역할이 바로 이런 것이다. "블루스"라고 불리는 재즈는 바로 이런 종류의 것이다. 그 가운데 복음은 정확히 그 중심에 있다. 이 점은 여러분이 플롯을 어떻게 복잡화하느냐의 문제만이 아니라, 해결(결단)로 향하는 플롯의 결정적 전환을 어떻게 보여주느냐의 문제이다. 그리고 이것은 복음을 통하여 일어난다.

3. 플롯의 단계 3: 반전

플롯은 갑작스런 전환, 급격한 전환과 같은 역전의 움직임을 갖춘다. 예수님의 부활과 관련한 니고데모의 이야기는 어떻게 반전이 생겨날 수 있는지에 대해서 우리에게 알려준다.

니고데모는 예수님을 만나러 한밤중에 찾아갔다. 이 일은 한밤중에 일어난 니고데모의 이야기이다. 그와 예수님과의 첫 번째 대화는 원활하지 못했다. 그는 대화를 시작한다.

> 하나님의 힘이 없이는 그 누구도 이렇게 할 수 없었을 텐데, 당신이 바로 그 분이군요.

예수님은 "당신은 이곳에서 그곳으로 갈 수 없다"(요 3:2-3)고 답하셨다. 이 말은 대화의 즉각적인 단절을 의미한다. 또한 믿음에 이르기 위해 얼마의 점수를 얻어야 하느냐의 문제도 아니다.

질책하시면서 예수님은 오늘날 도로 위에 세워진 표지판들을 통해서도 흔히 볼 수 있는 유명한 성경 한 구절을 말씀하셨다. 나는 어린 시절 서부의 캔자스 농장에서 낡은 차 뒷자석에 걸터앉아 창 밖으로 이런 표지판들을 보면서 싫어했다. 허술하게 도색된 표지판들은 선언했다.

"너희는 다시 태어나야만 한다!"

그 표지판은 나를 압박하는 것처럼 느껴졌다.[15]

표지판들이 나를 간섭하지 말고, 본연의 임무에 충실하면 어떨까?

마치 "브로마 쉐이브"[16](Burma Shave)의 선전표지처럼 호의적이지 않았다.

예수님은 니고데모에게 너는 변화하여 다시 태어나야만 한다고, 위로부터 다시 태어나야 한다고 대답하셨다. 불쌍한 니고데모, 나는 그에게 한없이 안타까운 마음을 가진다. 니고데모는 예수님의 비유를 이해하지 못했다. 그는 예수님이 생물학적인 차원에서 다시 태어나야 한다고 말씀하신 것으로 이해했다. 그는 물었다.

"어떻게 다 큰 성인이 다시 엄마의 자궁 속으로 들어갈 수

---

15 라우리는 선전표지판의 간판과 그리고 그것을 바라보는 사람들의 모습을 통해서 소통을 위한 최소한의 노력도 없고, 또한 진지한 관심도 표명하지 않는 현실을 꼬집고 있는 것처럼 보인다-역주.
16 미국 브랜드의 면도 크림으로 고속도로 길가 표지판에 유머가 있는 운율의 시를 게시하여 광고 효과를 내는 것으로 유명하다-역주.

있단 말입니까?"

니고데모가 한 질문은 한 밤중에 예수님을 만나러 떠난 그의 동기에 관하여 어떤 실마리나 힌트를 얻을 수 없게 한다. 그의 질문은 다음과 같은 형식이다.

"내가 무엇을 하여야 하는지요?"

"무엇을 갖춰야 하는지요?"

"이것을 나와 하나님 그리고 세상 사이에서 어떻게 얻을 수 있는 것입니까?"

니고데모는 묻는다.

"어떻게 해야 할 수 있나요?

"어린 시절로 돌아가 다시 기어다녀야 하나요?"

예수님은 다음과 같이 대답하셨다.

> 바람이 임의로 불매 네가 그 소리는 들어도 어디서 와서 어디로 가는지 알지 못하나니 성령으로 난 사람도 다 그러하니라(요 3:8).

어떻게 하면 좋을까?

니고데모는 자신이 아직 해야 할 것을 찾아 그 밤에 달려가기에는 너무나 바쁜 사람이다. 요점은 강요하지 않으며 내가 어린 시절 생각했던 것처럼 강압적이지도 않다는 것이다. 오히려 요점은 그의 제안과 관련이 있다. 예수님이 니고데모에게 하신 말씀은 필요로 하는 것을 스스로 창출할 수 없다는 의미였다. 어느 누구도 할 수 없는 유일한 것이다. 아무리 숙련되고 재능 있고 고결하건 간에 누구도 스스로의 힘으로 다시 태어날 수는 없다. 이것은 언제나 하나님이 주시는 선물이다.

당신이 설교 가운데 이것을 이미 말해버렸다면, 다시 돌이킬 수 없고, 시작 단계의 불일치(니고데모와 예수님의 차이)를 다시 언급할 수 있는 길은 없다. 그 부분은 사라져버린 것이다. 그 기회는 우리 앞에 있었던 것이다. 하지만 모든 것이 바뀌었다. 설교 가운데 언급되는 모든 것은 무엇이든지 전환과 암시 그리고 선언 이후의 것이 된다. 심지어 설교의 서두를 반복한다고 해도, 지금은 완전히 다른 의미이다.

설교의 플롯에 관하여 나는 "아하"(aha: 감탄)의 순간, 곧 설교에서의 근본적인 전환의 순간인 반전에 주목한다. 반전은 언제나 복음과 연결되어 있다. 이후의 글에서도 분명히 밝히겠지만 반전은 복음이 선포되기 이전 혹은 이후에 일어나며 어떤 경우에는 정확히 반전의 지점에서 복음이 선포되기도

한다. 이것은 설교의 다섯 가지 과정에서 갈등, 곧 균형상태의 깨짐, 복잡화, 곧 플롯의 고조(escalation), 역전, 곧 반전을 선택한 나의 이유이며, 설교의 모든 것과 복음의 경험 그리고 설교의 대단원의 기대를 결정한다.

니고데모의 사례에서 플롯의 반전은 예수님이 다시 태어남은 전혀 성취할 수 없으며, 그 어떤 의무나 요구 없이 선물로 얻는 것임을 선포하는 바로 그 순간에 일어났다. 이제 청중들은 두 사람의 대화 내용으로 돌아갈 필요가 없다. 왜냐하면, 이제 모든 것이 새로워졌기 때문이다.

찬송가를 통해서도 우리는 이 과정을 이해할 수 있을 뿐만 아니라 초기 재즈의 형식을 통해서도 알 수 있다. 많은 찬송가들이 그러한데 특히 가장 단순한 "AABA" 형식(미국 팝송과 발라드 형식의 음악 양식-역주)은 하나의 주요주제, 다시 주요주제의 반복, 주제를 잇기 위한 전환, 다시 주요주제로 돌아가기의 과정으로 진행된다.

블루스도 역시 "AABA" 형식을 선호한다. 전형적으로 화음 구조는 C, F, G 코드를 C키로, B^b, E^b, F 코드를 B키로 하는 것처럼 1번, 4번, 5번으로 코드의 움직임의 단순화를 수반한다. 이렇게 단순한 형식에서는 주요주제의 구절이 2번 정도 연주된 후, 좀 더 명료한 음악의 흐름을 제공하기 위해서는 멜로디 순서의 변화나 기본적인 분위기를 전환시키는 정반대의 멜로디가 결정적으로 중요하다. 그 다음 결정적 전환이나 반전을 나타내줄 수 있는 본래 주제의 멜로디로 돌아가는데, 왜냐하면 지금쯤이면 본래 주제의 멜로디는 더 이상 처음과 동일하게 느껴지지 않기 때문이다.

 ## 죄 짐 맡은 우리 구주
(What a Friend We Have in Jesus)

찬송가 "죄 짐 맡은 우리 구주"(새찬송가 369장)는 이 구조를 분명하게 나타낸다. 찬송은 종종 문제해결을 선포하면서 시작하게 되어 플롯을 단순화 시킨다. 다만 곡의 중반부에서는 갈등을 초래하는 문제가 소개되면서 다리의 역할을 하게 된다(의미 전달을 위해 한글 찬송가 대신 원문을 그대로 번역했다-역주).

A― 나의 사랑스러운 친구 예수여,
　　나의 죄와 모든 슬픔 품으셨네!
　　　　　― 주제가 명료하게 나타난다...

A— 얼마나 귀한 특권인가,

우리의 모든 짐을 주님께 풀어놓을 수 있다는 것이!

— 주제가 반복되고 있다. 하지만…

B— 오 우리는 얼마나 자주 평화로운 척 했으며,

오 왜 필요 없는 그 고통들을 참기만 했는가!

— 주제를 잇기 위한 전환, 이유가 무엇인가?..

A— 이는 우리가 하나님께 우리의 짐을,

모두 기도로 아뢰지 않았기 때문이지!

여기서 연결(bridge)은 단지 조화롭게 진행되고 있는 음악을 전환시키는 것만이 아니라 익숙하지 않지만 갈등을 표현하는 서정적인 내용을 삽입하기도 하는데, 결국 다시 처음 A로 돌아가 모든 것이 함께 달라진 결론을 맺게 된다.

그러므로 결정적인 전환은 선율이나 조화로운 구조에 의해서만이 아니라 서정적인 내용이나 음악성 자체로도 변화를 줄 수 있다. B 파트는 전환을 촉진시켜주는 두 가지 문제가 등장하는 부분이다.

이것이 최종적인 전환은 아니다. 이 부분에서는 다양한 가사를 통해 내용의 근본적인 변화가 일어나기도 한다. 벡비(Begbi)는 이 부분을 더 잘 설명해 주고 있다.

초과된 예배 시간을 조절하기 위해 찬송가 마지막 절을 부르지 않기로 결심한 사회자를 떠올리는 것은 어려운 일이 아니다. 그는 4절 중 한 절을 넘기자고 제안할 것이다. 만약 세 절만 불러야 한다면 회중들도 1, 2, 4절만 부를 것이다.

만약에 3절만 제외되면 어떻게 될지 추측할 수 있겠는가? 3절이야말로 갈등을 회복시키는 절이기 때문이다. 아래의 예는 이로 인해 어떤 문제가 발생하는지를 보여준다.

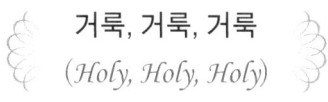

거룩, 거룩, 거룩
(Holy, Holy, Holy)

1. 거룩, 거룩, 거룩! 전능하신 주님!
   이른 아침에 우리 주를 찬송합니다.
   거룩, 거룩, 거룩! 자비하신 주님
   성삼위 일체 우리 주로다!

   — 참으로…

2. 거룩 거룩 거룩 주의 보좌 앞에

　모든 성도 면류관을 벗어드리네.

　천군 천사 모두 주께 굴복하니

　영원히 위에 계신 주로다.

　　　　　― 오 그래요, 그러나 지금 큰 문제가…

3. 거룩 거룩 거룩 주의 빛난 영광

　모든 죄인 눈 어두워 보지 못하네

　거룩하신 이가 주님밖에 없네

　온전히 전능하신 주로다.

　　　　　― 아직 그럼에도 불구하고…

4. 거룩 거룩 거룩 전능하신 주님

　천지만물 모두 주를 찬송합니다.

　거룩 거룩 거룩 전능하신 주님

　성삼위 일체 우리 주로다.[17]

17　*The United Methodist Hymnal* (Nashville: The United Methodist Publishing House, 1989), 64.

3절 가사가 없을 경우 노래는 주제가 희미해지고 약화된다. 혹은 또 다른 예로 "기쁘다 구주 오셨네!"(새찬송가 115장)를 살펴보자(의미 전달을 위해 원문을 그대로 번역했다-역주).

 기쁘다 구주 오셨네!
(Joy to the world! The Lord has come)

1. 기쁘다 구주 오셨네!
   대지는 왕을 맞으라.
   모든 마음이 그분에게 방을 마련하고

   ———————

   하늘과 자연은 노래하네(두 번 반복)
   하늘과, 하늘과 자연은 노래하네.

   ─ 진실로…

2. 세상이여 즐거워하라, 구세주가 통치하신다!
   모든 사람은 이 노래를 부르라.
   들판과 강물과, 바위와, 언덕과 평원은
   기쁨의 소리를 연발하네(두 번 반복).

기쁨의, 기쁨의 소리를 연발하네.

— 오, 하지만 …

3. 죄와 슬픔은 더는 없으며

　걱정도 없다네.

　주님은 복을 내려 주시네.

　저주는, 저주는 사라지네.

— 그럼에도…

4. 주님은 세상을 진실과 은혜로 다스리시고

　온 나라는 그의

　정의로운 영광과

　그의 놀라운 사랑을 보여주네(두 번 반복).

　놀라운, 놀라운 사랑을 보여주네.[18]

18　*The United Methodist Hymnal*, 246.

데이비드 롭[19](David Robb)은 "조이스 킬머[20](Joyce Kilmer)에게 사과"하면서 "세 개의 연으로 바치는 노래"(*Ode to the Third Stanza*)를 헌사했다.

나는 결코 보지 못하리.
세 개의 연이 부활한 것을

세 번째의 연이 종종 가장 중요하다는 것은
찬송의 변화의 이유를 보여주기 때문이다.
세 번째, 그것은 때때로 영혼을 드러내고
작곡가는 전체를 보기를 원한다네.
세 번째를 간주곡으로 대체한 것은
더 엄숙한 분위기에 서 있어야 하기 때문이지.

---

19 스코틀랜드 태생의 영화 배우로 "스윙 키즈"(Swing Kids), "헬 바운드"(Hell Bound)와 같은 다수의 영화에 출연했다-역주.
20 미국 뉴저지 주의 뉴 브런스윅(New Brunswick) 태생으로 콜롬비아대학(Columbia University)을 졸업했으며, 제1차 세계대전 중 프랑스에서 작전 주행 중 32살의 나이로 전사했다. 전쟁에 의해 희생된 낭만적, 시적 이상주의의 상징이 되었으며, 1913년 발표한 "나무"라는 시 한편으로 세상 사람들에게 알려졌으며, 생애 동안 아름다운 서른 두 편의 시를 남기고 떠났다-역주.

첫 번째와 두 번째, 그리고 마지막을 노래하자

우리가 과거에 그러했듯이!

찬송은 우리들, 회중들이 부르고,

하나님만 세 번째 연을 노래하신다네![21]

4. 플롯의 단계 4: 대단원

올리버 웬들 홈즈[22](Oliver Wendell Holmes)는 다음과 같이 말했다.

나는 복합성의 한 측면에 존재하는 단순성에 대해서는 조금도 관심이 없지만, 복합성의 다른 측면에 존재하는 단순성의 종류를 위해서는 세상이라도 바칠

---

21   David A. Robb, Selah Publishing Company.
22   미국의 의학자, 시인, 수필가, 평론가이다. 뉴잉글랜드의 명문가 출신으로 다방면에 걸쳐 활동하여 각분야에서 뛰어난 명성을 떨쳤고 문단에서는 중심적 인물의 한 사람이었다. 1829년에 하버드대학교를 졸업했고 하버드대학교 메디컬스쿨로 진학하여 1836년에 박사 학위를 취득했다-역주.

것이다.

홈즈는 우리가 1, 2, 3절 그리고 4절에 내용의 형식도 포함시키기 원한다고 나는 생각한다.[23]

이제 우리는 미래로 나아간다. 아리스토텔레스는 이것을 미래를 여는 대단원이라고 했다. 나는 야곱의 인생 여정에 대해 생각한다. 나는 성서정과에 채택된 본문들이 계속해서 이어지지 않는 것이 유감스럽다. 대단원에 미치지 못하고 멈춰버렸다. 야곱에 대한 성서정과 시리즈는 얍복강의 이편에서 멈춰버렸다. 이 선택은 정말 잘못된 것이다.

여러분은 야곱이 사기치는 기술에서 거의 완벽에 가깝다고 기억할 것이다. 그는 가정에서 멀고도 긴 여행을 떠나는 훈련을 받았으며, 급히 여행의 여정에 오르게 되었다.

야곱은 자신의 사다리로 하나님과 연결되려고 생각했으며, 삼촌의 집에서 훈련 과정을 마쳤다. 마침내 그가 집으로 향하는 중에 형에게는 알리기만 했는데, 수년이 지났음에도 불구하고 그의 형은 4백 명의 군사를 이끌고 그를 마중 나

---

23 알려지지 않은 자료: 때로는 "세상"으로가 아닌 "나의 오른 팔을 주어라"는 말로 인용되었다-역주.

왔다. 다행인 것은 얍복강을 사이에 두고, 두 형제가 서로 떨어져 있다는 점이다.

야곱의 대식구들, 곧 아내들과 하인들, 어린 아이들을 비롯한 수백의 짐승들은 형을 위한 선물, 뇌물과도 같은 것이었다. 그는 이 가축들을 두 그룹으로 나누어 강의 저편, 에서가 있는 곳으로 보냈다. 야곱은 가족들이 에서와 마주쳤을 때 "이 모든 것은 당신을 위한 선물이며 저기 뒤편에 있는 당신의 종으로부터 온 것입니다"라고 말하라고 가르쳤다.

그렇다! 나는 이것을 정말, 얍복강 저 안전한 쪽, 훨씬 뒤, 우리 뒤에서 당신의 적에게서 온 뇌물이라고 말하고 싶다. 야곱은 정말로 이곳을 안전한 곳이라고 생각한 것이다.

그러나 하나님의 천사가 늦은 밤 그에게 찾아와 씨름을 벌였다. 그들은 밤새 씨름했으며, 야곱은 자신의 엉덩이를 가격당해 탈골이 되고 말았다. 그런데 이 장면을 성경은 야곱의 "승리"라고 한다. 하지만 이 말은 그가 하나님을 이겼다는 뜻이 아니다. 그러나 성경은 그가 "나는 하나님의 얼굴을 보았지만 여전히 살아있다"라고 덧붙임으로써 이 말의 진정한 의미를 밝히고 있다. 그가 이긴 것이 맞다.

야곱은 죽음을 이긴 것이다(창 32:1-31).

"공동본문위원회"[24](Lectionary Committee)는 이야기를 여기서 중단시킬 수 있으나, 이야기의 또 다른 부분도 주목해야 한다. 다음날 아침 야곱은 새로운 이름을 가지고 얍복강을 건넜다. 그는 물론 엉덩이 뼈가 탈골되어 절뚝거렸다. 하지만 그는 이제 처음으로 온전한 모습으로 거듭나 있었다. 그는 20년을 달려왔으나, 지금 그는 더 이상 달려갈 필요가 없다.

그리고 지금 야곱이 하고 있는 일은 무엇인가?

야곱은 자신의 앞에 늘어서 있는 두 그룹 사이를 걸어가고 있다. 바로 그가 위험에 처했던 길, 과거의 아내, 과거의 자식들, 과거의 종들, 그리고 과거의 뇌물 사이를 걸어가고 있다. 그는 이제 화난 형의 얼굴을 비롯한 4백 명의 군대와 마주하게 될 것이다. 마침내 그들이 만났을 때 그들은 눈물을 흘리며 서로 껴안고 있었다. 이것이 바로 대단원이다(창 33:1-4). 이것은 바로 모두를 새롭게 하는 미래가 열림을 의미한다.

새로운 미래가 포함된 대단원에 적절한 이름이 필요하다. 여기에서 결말은 무거운 책임, 의무, 당연히 해야만 하는 것들에 초점을 맞추지 않는다. 복음과 복된 소식들로 둘러싸인

---

24 라우리는 이후 "공동본문위원회"로 이름을 사용하고 있다. 따라서 이후 번역에서도 "공동본문위원회"로 사용하도록 하겠다-역주.

"그러므로"에 초점을 맞추는 것이 더 적절하다.

우리는 마지막 단어에서 해야만 한다는 단어로 표현하는 것이 아니라, 복음의 장면을 회상하면서 "그러므로"를 향해 나아가야 한다.

이러한 결과는 우리에게 필요한 반응을 부차적인 것으로 만들어 버린다. 좀 더 명확히 말하자면 설교의 최종적인 핵심 메시지는 결국 인간의 복종을 말하는 것이 아니라, 인간의 반응이라는 가능성을 뒷받침해주는 하나님의 권능에 대한 것이다. 나는 이것을 절반의 재현(再現, reprise)이라고 부른다.

여러분에게는 "빅 밴드"[25](Big Band)가 공연을 마치는 방식이 보다 친밀할 수 있을 것이다. 마지막 연주가 끝나자, 누군가가 침묵 속에서 "한번 더"라고 소리친다. 그러자 밴드는 노래의 마지막 몇 소절을 다시 반복하거나, 두 번 더 연주를 한다.

크레독이 말하는 절반의 재현은 복음을 명료하게 제시 한 후, 하나님의 권능을 선포하는 가장 강력한 순간으로 돌아가 일부분을 재언급(재현)하는 것이다. 그 권능에 대해 이미 들은

---

25 오케스트라의 편성을 가진 재즈 밴드-역주.

후에, 우리는 복음의 선포를 마무리한다.[26]

르로이 오스트랜스키(Leroy Ostransky)는 평범한 음악과 훌륭한 재즈 음악을 구분 짓는 것은 "해결의 순간에 대하여 붙이게 되는 화려한 수식어가 아니라, 그보다는 해결 이전에 결정력은 없으나 깊이를 느낄 수 있는 심오함"[27]이라고 했다. 하지만 평범한 음악가의 연주는 긴장/해결이 청중이 듣기에 매우 명확하여 어디에서 진행되고 끝날지 비교적 쉽게 알 수 있다.

불행하게도 우리 모두는 지금까지 설교자 앞에서 듣기를 멈춰버리는 설교를 들어왔다. 화려하고 강력한 언변으로 설교를 끝맺는 것을 훌륭한 설교라고 할 수는 없다. 설교가 주는 긴장 이전에 그 깊이를 근간으로 한 적절한 심오함만이 훌륭한 설교가 되게 한다.

---

26 라우리와 크레독이 생각하는 대단원, 곧 절반의 재현이라고 부르는 타이밍의 차이에 대한 표현이라고 생각된다-각주.

27 Leroy Ostransky, *The Anatomy of Jazz* (Seattle: University of Washington, 1960), 83.

5. 갈등, 복잡화, 반전, 그리고 대단원

이 단계는 고전적인 비극 문학과 음악적 흐름의 표식의 단계이며, 복음의 수단으로 결정적 전환과 함께 "아리스토텔레스 블루스"를 경험하게 될 때 만들어지는 움직임이다.

 성도들이 행진할 때
(When the Saints Go Marching In)

1938년, 루이스 암스트롱은 "성도들이 행진할 때"(*When the Saints Go Marching in*)라는 음반을 취입했다. 특이하게도, 그는 멘트와 함께 녹음을 시작했다.

"좋은 밤입니다. 형제자매님들! 이 밤을 위해 부드럽고 감미로운 설교로 돌아온 사치모(Satchmo) 목사입니다."

처음 들었을 때 나는 암스트롱이 꽤 영리하다고 생각했다. 그러나 영리한 것이 아니라, 오히려 심오한 것이었다. 여러분도 알다시피, 그는 내가 아직 배우지 않은 재즈에 대해서 알고 있었다.

일반 거리 문화에서 아프리카 계통 미국 회중들의 요청과 반응의 모습이 재즈 무대로 옮겨가면, 트럼펫 연주자가 즉흥적인 요청과 반응에 답하는 리더로서 설교자의 역할을 한다는 것을 사람들은 알고 있었다. 실제로 그는 목사였다.

그리고 암스트롱은 계속해서 말했다.

"우리는 '성자들이 행진을 할 때'를 우리의 본문으로 삼습니다."

결국, 이 장면들은 정확히 모든 설교자가 행해야 할 모든 것을 가르치는 종말론적 현실이다.

Chapter 4

구술성의 회복

아리스토텔레스는 문제에서 답변으로, 갈등에서 해결에 이르는 그러나 항상 앞으로 전진하는 플롯의 작동 방식을 발견하는 데 도움을 주었다. 하지만 설교의 내러티브 전략과 움직임의 주제에 대해 아직도 더 도움을 줄 수 있다. 설교자들은 이 움직임이 손에서 눈으로 전해지는 것이 아니라 입에서 귀로 전해지는 의사소통, 곧 입을 통해 적절한 시간에 발생한다는 것을 주목해야 한다.

크레독은 우리에게 이런 차이를 무시할 경우 생기는 위험에 대해 다음과 같이 경고한다.

> 주일 설교 원고를 완성하는 것이 핵심이라고 생각하

는 설교자를 생각해보자. 거기에는 부정적인 결과가 연속해서 뒤따른다. 처음에는 작성된 설교가 완료되었다는 것으로 인해 "하나님 감사합니다. 제가 이것을 끝냈습니다"라는 일종의 만족감을 줄 수 있을 뿐만 아니라, 시작과 구상을 종종 미성숙한 상태로 남겨두게 된다.[1]

크레독은 다음과 같이 결론지었다.

설교 준비 과정에서 원고의 작성을 목표로 삼는 것은 설교를 연설이라기보다는 서술로 생각하게 한다.[2]

크레독은 설교 원고 작성을 반대하지 않았으나, 이 작업은 설교라는 구두연설의 목표에 대한 일종의 봉사로 이해했다. "설교를 하는 것은 입이다"라고 말하며, 그는 "단순히 언급되는 것이 아니라 면밀히 관찰된 구술의 원칙과 함께 준비되는

---

1 Fred B. Craddock, *Preaching* (Nashville: Abingdon Press, 1985), 190.
2 Ibid.

것이다"[3]라고 했다.

월터 옹(Walter Ong)은 예일대학교에서 행한 "테리 강좌"(Terry Lectures)에서 기록의 근본적인 특성을 더욱 명확히 했다.

> 입을 통해 말해진 단어들은 흘러간다 . . . 자유로이 움직인다 그리고 '심지어' 빨리 지나간다 . . . (그러나) 적혀진 것은 그대로 가만히 있다 . . . 이것이 기록이다.[4]

실제로 작문에서는 명사가 우위를 점하며 적절하게 구성되고 좋은 문법으로 된 문장은 완성도를 높인다. 히브리어와 같이 동사를 기반으로 하는 언어보다, 그리스-로마 유형의 언어들은 명사를 부각시키고 안정감을 준다. 그러므로 우리는 완성된 문장의 끝에 위치한 선명한 마침표를 통해 해결로 나아간다. 하지만, 성장과 발전이 멈추는 것은 당연한 것이다.

---

3 Ibid., 169.
4 Walter J. Ong, S. J., *The Presence of the Word* (New York: A Clarion Book, Simon and Schuster, 1967), 93.

반면에, 구두연설은 무종지문(無終止文[run-on sentences]: 2개 이상의 주절을 접속사 없이 잇는 문장-역주)을 주로 선호하며, 지속적으로 그것을 사용한다.

여러 해 후 옹(Ong)은 또 다른 자신의 글에서 인쇄는 더욱 심각하다고 자신의 의견을 피력한 바 있다. 그는 "인쇄는 단지 최종적인 것으로 편리한 것이다"라고 언급했는데, "인쇄된 글은 저자의 말은 최종적 혹은 '결정적' 형태로 대표성을 지니는 것으로 여겨진다"고 주장했다.[5] 여기에서 "결정적 형태"를 지향한다는 것의 의미는 생각을 정확히 차단하도록 그 당시에 설계되어 있다는 의미이다.

저술(글쓰기)과 구술(말하기)은 **상황, 자료, 경험**, 그리고 지속적인 사고의 **결과**라는 다양한 단계에서 엄청난 차이가 발생하게 된다. 말하기의 주된 형식은 **시간**이며, 글쓰기의 주된 형식은 **공간**이다. 공간은 일종의 고정성과 관련이 있으며, 시간은 일반적으로 움직임과 관련이 있다. 종이에 기록된 단어들은 분산시키는 성향이 있는가 하면 입으로 발설되는 말들은 집중시키는 경향이 있다.

5　Walter J. Ong, *Orality and Literacy* (London: Routledge, 1988), 132.

옹(Ong)은 이 부분에 대해 명확히 묘사하고 있는데, 기록된 단어는 종결을 향해 움직이고, 입으로 표현된 언어는 개방을 향해 움직이는데, 특히 갈등의 상황이 발생할 때 이 차이를 주목하면 좋다.

나의 소중한 친구이자 동료인 텍스 샘플(Dr .Tex Sample) 박사가 몇 년 전 내게 했던 말을 기억한다. 지금은 잘 기억하기 힘든 어떤 제도에 대한 갈등과 관련된 것이었는데, 당시 샘플은 나에게 "당신이 이 주제에 대해 예민하게 느끼고 있는 것 같다"고 말했다. 그가 옳다는 사실에는 이견의 여지가 없으며 자신이 염려하고 있는 것이 무엇인지를 나에게 말해주었다.

> 당신의 견해에 대해 어떻게 서로 의견을 나누어야 할지는 모르겠으나, 당신을 위해 한 가지 제안을 하자면 당신이 무엇을 하든지 기록하지는 말라는 것입니다. 만약 당신이 기록을 하게 된다면, 그곳에서부터 아주 작은 해석의 여지가 생겨날 것이기 때문입니다.

옹(Ong)이 한 말은 정확하다.

> 기록은 단어들을 "계속 그 자리에 머물게" 한다. 이
> 것이 진짜 존재 이유이기에... 단어들이 탈출할 수
> 없도록 붙들고 있다.[6]

반면, 말하기는 글쓰기와 현저히 다르다. 커크 바이런 존스(Kirk Byron Jones)가 그의 환상적인 책, 『설교와 재즈』(*The Jazz of Preaching*)에서 다음과 같이 적고 있다.

> 재즈와 설교의 공통점은 사람이 결코 완성할 수
> 없다는 것이다. 그들의 원천은 항상 더 깊고, 언제나
> 그 이상으로 존재한다.[7]

소리를 내어 일한다는 것은 언제나 그 이상의 무엇이 있다는 사실을 고려하게 한다.

---

6 Walter J. Ong, S. J., *The Presence of the Word*.
7 Kirk Byron Jones, *The Jazz of Preaching* (Nashville: Abingdon Press, 2004), 41.

1. 즉흥적인 구술성, 복선적 사고 그리고 공동본문 위원회와의 만남

즉흥적 구술의 분위기에서는 말의 현상이 가지는 현저하게 다양한 역동성을 깨닫는 것이 중요하다. 말하기는 다음 문장을 위해 실질적으로 말하는 순간과 바로 이어지는 침묵 사이에 있는 사고의 복선(track of thought)을 동반한다. 실제로 한 문장이 전달되는 동안, 다른 사람들은 깊이 생각하고 있다. 입이 움직이는 동안, 말하는 사람의 마음은 부분적으로 다음 문장을 말할 때까지 입으로는 설명하지 않는 것에 집중한다. 그런데 쓰기는 정확히 반대의 경향을 보인다.

아마도 여러분은 이 모든 상황을 모임 때마다 경험했을 것이다. 여러분은 다양한 형태로 이러한 참가자들을 만나왔을 것이다. 그를 빌(Bill)이라고 불러 보겠다. 이 모임은 아주 중요하며 빌도 현재 이 모임에 참여하고 있다. 불행히도, 그는 너무 열정적이고, 의견을 말할 때 늘 강경한 태도로 말하기 때문에 얼마 지나지 않아 중요한 사업과 관련된 공동의 업무에서는 방해되는 인물이 될 것이다.

빌은 사소한 의견이라도 밝히고 싶어 하지만, 사람들의 정확한 평가에 따라서만 그의 기여가 인정된다.

헤더(Heather)가 첫 번째 휴식 시간에 빌(Bill)을 한 쪽으로 데리고 가서, 이렇게 요청했다.

> 빌, 오늘 와주신 것과 이 미팅에 지금까지 공헌해주신 것에 감사드립니다. 지금부터는 모든 참석하신 분들의 더 활발한 참여를 위해서, 당신이 자신의 견해를 제시하는 것에 대해서 조금 더 인내하고 주의해 주시길 바랍니다. 당신이 무엇을 말하고자 하는지 스스로 알 때까지 의견 제시를 참아주시면 좋겠습니다.

"내가 스스로 말하는 것을 듣기 전에, 내가 무엇을 생각했는지 어떻게 알 수 있을까?"

아마도 빌(Bill)은 설교에 있어서 최고의 후보생은 아닐지라도, 우리가 설교자이든 아니든 상관없이 한가지나 그 이상의 방식에서 어쨌든 우리를 대표하는 인물이다. 정말 그렇다. 왜냐하면 우리의 공헌이 가치가 없어서가 아니라, 의견을 표명하는 데 있어 우리는 때로는 과도하게 열정적이 되기 때문이다. 이런 관계성은 우리가 어떤 은사나 은혜를 받았든지 상관 없이 점점 더 깊어만 간다.

입을 통해 표현된 단어들은 말하는 사람뿐만 아니라 듣는 이의 생각도 부수적으로 유발시키는 경향이 있음은 매우 분명한 사실이다. 사람의 이성은 입이 말하는 것과 자신이 다음 문장에 무엇을 말하기 원하는지에 대해 생각한다. 이 두 가지는 모두 동시에 일어나는 일들이기 때문이다.

예를 들어, 어떤 사람이 X라는 주제에 대한 질문으로 당신을 방해한다고 생각해보라. 그러나 최근에 당신은 주제 Y와 Z를 열심히 고민하고 있다면, 당신에게 주제 X에 대한 기억을 조금 가지고 있을 수도 있다. 그러나, 현재 이 주제에 대해서는 당신은 관심이 없기 때문에, 이 순간 당신에게 자세한 설명은 별 의미가 없어진다.

따라서, 주제 X에 대한 당신의 생각이 어떠한지 질문을 받을 때, "너는 나의 관심을 끌려고 하는구나. 글쎄, 한 번 생각해보도록 할게"라고 반응할 것이다. 그리고 "내게는 그저 그래"라고 답한 후 재빨리 말을 바꾸어서 말할 것이다.

아! 아니, 아니, 아니. 이건 내가 말하고자 했던 원래

> 의도가 아니야. 다시 생각해볼게. 물론 너는 이러한 원칙에 있어서 여러 가지 예외들이 있다는 걸 알거야. 그리고 파악되는 상황에 달려있음을 기억해야 할거야.

이 문장에서 당신이 무엇을 말하지 않았는가를 생각해보는 것은 자연스러운 일이다. 이와 같은 현상은 말로 이루어지는 의사소통에서는 계속 일어나는 일이다. 서술이나 인쇄물에서는 당신이 쓴 것을 읽은 후에야 추가적인 생각이 떠오르게 된다.

눈으로 보기 위한 인쇄물과 귀로 듣는 소리, 이 둘 사이의 엄청난 차이를 설명하기 위한 한 가지 방법은, 당신이 **보는 것은 저기 밖에 있고, 듣는 것은 여기 안에** 있다고 말하는 것이다. 이 둘은 명백한 차이를 나타낸다. 당신이 알고 있는 것처럼 때때로 각 요소는 상대 요소를 능가할 수 있으며 실제로 보는 것과 듣는 것은 각각 다른 작용점(point of power)을 가지고 있다. 이것은 부분적으로 상황에 달려 있다.

2. 쓰기가 말하기를 능가할 때: 이사회에서

예컨대, 이사회가 있다고 가정하자. 당신에게 조직의 중요한 발전을 위해 설득력 있는 연설을 해야 할 책임이 주어졌다. 당신은 영향력이 있는 연설을 위해 열심히 노력했다. 그리고 당신이 준비한 자료들을 준비하고, 이사회가 놀라운 미래를 함께 즐길 가능성에 합류하기를 희망한다. 당신의 연설은 그들로 하여금 미래를 꿈꾸게 하고 실제로 실행할 수 있도록 준비하게 할 것이다. 당신은 그 자료가 언제 배포되어야 하는지에 대해서도 분명하게 지시했다.

하지만 불행히도, 당신이 열한두 문장을 읽기도 전에, 누군가가 당신의 지시 없이 자료집을 나누어주는 모습을 발견하게 된다. 얼마 지나지 않아 당신은 그룹원들이 10분 동안 당신이 말하는 것을 듣지 않는다는 것을 알아차리게 될 것이다.

이유는 자료가 이사회원들의 눈앞에 펼쳐져 있기 때문이다. 어떤 사람은 자료의 일부를 읽을 것이고, 또 어떤 사람은 다른 무언가에 관심을 빼앗겼을 것이다. 이후 그들의 관심은 새로운 계획을 시작할 수 없을 정도로 사그러들고, 당신의 "설득력 있는" 연설이 끝난 후, 그들은 재빨리 당신의 제안을 반박할 만한 이유를 찾으려고 할 것이다.

당신은 곧바로 연설을 멈추고 자료를 검토해보겠지만, 그 순간 모든 순서는 잘못되어 있는 것이다(당신은 여기에서 이 순서라는 용어에 집중해야 한다). 당신은 연설을 마무리할 수 있는 힘을 결코 다시는 얻을 수 없을 것이다.

옹(Ong)은 다음과 같이 설명한다.

> 만약 연설자가 청중에게 제공된 인쇄물을 읽도록 요청한다면 청중들은 각자 자신만의 독서 세계로 들어가게 된다. 그 순간 청중의 연합은 산산이 조각나며, 다시 연설이 다시 시작될 때에야 연합이 회복될 수 있을 것이다.[8]

따라서 연설자는 전체 자료를 검토한 후 "제가 일찍이 이야기했듯이"라는 말을 언급하면서 무기력한 연설을 다시 시작하게 될 것인데, 그 무력감은 청중의 연합이 이미 산산조각 나버렸기 때문이다.

---

8 Walter J. Ong, *Orality and Literacy*, 74.

하지만 특별한 경우, 훨씬 더 깊고 다른 수준에서 이목을 끈다면, 모든 것이 역전된 상황을 발견할 수도 있을 것이다.

3. 말하기가 쓰기를 능가할 때: 론 레인저

나는 어렸을 때 종종 라디오를 통해 "론 레인저"[9](Lone Ranger)를 듣곤 했는데, 얼마나 멋진 플롯이었는지, 매번 세상을 구원하며 끝났다.

하지만 지금 그 라디오 프로그램에 대해 생각해보면, 레인저는 톤토(Tonto)의 도움을 매번 받아야 했다. 그 의미를 생각해보면 톤토가 언제나 출연했다는 것은 실제로 영웅은 '혼자'가 아님을 보여주는 것이다. 유스토(Justo)와 캐서린 곤잘레스

---

9 론 레인저(Lone Ranger)는 조지 W. 트렌들(George W. Trendle), 프랜 스트라이커(Fran Striker) 원작의 서부극을 소재로 한 라디오 드라마이자 그 등장인물이다. 1933년에 라디오 드라마가 방송 된 이후 만화화, TV 드라마화, 영화화가 되었다. 등장인물과 관련한 간략한 줄거리는 이렇다. 정체를 알 수 없는 신비한 매력의 인디언 악령 헌터 톤토는 신비로운 힘으로 죽음의 문턱까지 간 존을 살려낸다. 극적으로 살아난 존은 블랙 마스크를 쓴 히어로 "론 레인저"로 부활하게 되면서 이야기는 전개된다. 그리고 사방이 적으로 둘러싸인 무법천지에 오로지 복수를 위해 뭉친 톤토와 "론 레인저" 콤비를 중심으로 펼쳐지는 것이 전반적인 내용의 흐름이다-역주.

(Catherine Gonzales)는 톤토가 소수인종에 속하기 때문에 영웅에 포함되지 않았다고 했다(그들이 국경 남쪽으로 그 프로그램을 송출할 때 이름을 바꿨어야만 했는데, 그 이유는 톤토라는 말이 스페인어로 정확히 발음하면, "얼간이"를 의미하기 때문이다).[10]

드디어 '홀로' 레인저가 승리하고, 말위에 올라타면 윌리엄 텔의 서곡으로 끝이났다.

이 정말 용감하고 고상하고 멋진 장면인가!

심지어 그 말(horse)조차도!

레인저를 태우고 질주하는 그 말은 마치 자신이 달리듯이 멋지게 달린다. 이 얼마나 멋진 하나님의 창조물인가!

청취자들은 다음과 같이 질문하며 다가간다.

"마스크를 쓴 남자는 누구일까?"

정말이지, 드라마가 시작할 때 나오는 첫 음악과 말 그리고 이야기 모두 훌륭했었다.

이후 한 세대가 지난 어느 날, TV가 켜진 방을 지나가면서, "론 레인저"를 시청하는 아이들을 보고, 나도 그 장면을 보려고 잠시 멈추었다. 그 내용은 예전처럼 재미있었으며 멋진

---

10 Justo L. González and Catherine G. González, *The Liberating Pulpit* (Nashville: Abingdon Press, 1994), 50.

결론이 기대되었다. 그 다음 톤토는 레인저를 구하고 레인저가 세상을 구하고 윌리엄 텔 서곡의 박자에 맞춰 힘차게 사라졌다. 하지만 여러분은 레인저를 태운 연약한 조랑말을 보고는 재미가 경감되는 것을 느끼게 될 것이다. 그 말은 이미 오래전에 은퇴했어야 했기에…

이런 차이를 알아차린다는 것은 무엇을 의미하는 것일까?

어떻게 이런 인식에 대해서 이해할 것인가?

말하기를 통해 떠오르는 생각 속의 심상(心象)은 보고서의 뒷면이나 스크린의 전면을 바라보는 것보다 더욱 강렬할 것이다. 이 이미지는 그 순간에 우리가 즉적적으로 갖게 되는 것이며, **내면에 존재**하지만 아직 **외부로 표출**되지 않아서 유리한 입장에 서며 더욱 강력한 힘이 있다. 하지만 실제적 상황에서 우리가 당면하는 문제는 이보다 더 크게 와 닿는다. 나는 이러한 상황을 자주 대면한다.

주일 설교자로 초빙을 받아 설교하기 위해 교회로 가는 경우, 나는 교회에 도착하여 미리 보낸 본문과 설교 제목을 확인하기 위해 교회 주보를 잠시 살펴본다. 다시 주보를 천천히 살펴보다가, 오늘 설교의 성경 본문이 주보 뒷면에 인쇄되어 있다는 것을 알게 된다(혹은 그 내용이 강단 쪽에 있는 스크린에 나타나 보일 수도 있다). 그런데 나는 기쁘지 않다. 어떤 이는 이런 배려가 성도들이 본문과 가까워질 수 있는 확인의 기회라고 생각하겠지만, 나는 이것을 미디어의 충돌로 이해한다. 나는 성경 본문이 주보에 인쇄되어 사람들이 미리 받아들기를 원하지 않는다. 나는 사람의 목소리가 하나님의 말씀으로 들려질 수 있기를 원한다.

나는 또 다른 방식에서 성경 본문이 약화되는 경험을 했다. 주보에 성경 페이지가 적혀 나온 것으로 "신약성경 127쪽을 펴세요"와 같은 안내에 관한 것이다. 이렇게 짤막한 성경 구절의 예를 통해 초래된 유감스러운 결과를 설명하도록 하겠다.

누가복음에 나오는 시몬 베드로의 소명 장면을 떠올려 보라. 예수님이 갈릴리 해안의 일출을 보시고 말씀을 전하시기 위해 배를 빌리셨다. 사람들이 자연스럽게 원형 극장에 몰리기 시작했고, 점점 더 많은 사람들이 모였다. 그들은 말씀을 듣고 싶어 했으며, 이 집회는 사람들이 꽉 들어차 서로 어깨가 부딪칠 정도로 많았으며 성황리에 치러졌다.

예수님에게 배가 필요했던 이유는 청중이 너무 많은 탓에, 밀려서 물에 빠질 가능성 때문이 아니었을까?(어깨를 나란히 한 청중들, 이 장면은 모든 설교자들의 꿈일 것이다!)

예수님이 설교를 마치시고 시몬 베드로에게 다가가서 말씀하셨다.

> 말씀을 마치시고 시몬에게 이르시되 깊은 데로 가서
> 그물을 내려 고기를 잡으라(눅 5:4).

이것은 상상만 해도 우스꽝스러운 요청이다.

예수님은 갈릴리 해안의 어부들이 그물을 씻고 있는 것을 보시지 못한 것일까?

어부들이 왜 그물을 씻고 있다고 생각하는가?

아침이 되어 해가 떴기 때문이다. 어부들의 '하루' 일은 해가 뜰 때 끝이 난다.

예수님은 고기잡이에 대해서 알지 못하셨을까?

예수님이 고기잡이에 대해 충분히 알고 계셨다면, 이 본문은 예수님에게 좋은 본문이 아니다.

성경 본문은 예수님의 요청에 대해 시몬이 응답하는 두 문장을 보여준다. 누구도 그가 답할 수 있는 말이 두 문장뿐이라는 것을 상상할 수 없을 것이다. 그는 훨씬 더 많은 말을 했어야 했다. 나는 그가 이렇게 말할 수 있었다고 상상해 본다.

당신은 여기 있는 모든 어부들이 그물을 씻는 것을
보고 계시며, 그 이유도 분명히 알고 있을 것입니다.
예수님 당신은 훌륭한 설교자이며, 우리는 당신의
이야기 듣기를 좋아합니다. 하지만 나는 어부이고,
이 분야의 전문가이며, 언제 고기잡이를 해야 할지
잘 알고 있습니다.

나는 시몬 베드로가 이 모든 것을 말했는지는 모르겠지만, 만약 안 했다면 그는 했어야 했다. 어쨌거나 오늘 본문은 우리에게 두 문장만을 보여준다. 그는 먼저 이렇게 말한다.

시몬이 대답하여 이르되 선생님 우리들이 밤이 새도
록 수고하였으되 잡은 것이 없지마는(눅 5:5a).

여러분은 이 대답에서 책망하는 것이 들리는가?

이것은 인쇄된 책에서는 보이지 않는 것이다. 그러나 당신은 독자로서 그 책망에 대해 들을 수 있을 것이다. 이 시점에서 성경 본문을 읽는다는 것은 예수님과 시몬 사이에 즉각적으로 형성된 놀랄만한 '거리'를 구체화하는 능력을 가지게 할 수 있다. 성경 본문은 우리에게 오로지 기간만을 제시한다. 본문 속에 긴 멈춤은 지금 커다란 도움이 될 수 있다. 가장 중요한 것은 그 거리에 대한 감각이 설교의 초반 흐름(early movement)에 힘을 강화시킨다는 점이다.

그런 다음, 둘째 줄에서는 그 일을 온전히 받아들이겠다는 말을 한다. 시몬은 "당신이 그렇게 말씀하신다면, 나는 그물을 내릴 것입니다"[11]라고 말하고 있는데, NASB 성경(New American Standard Bible)에서는 "그러나 나는 당신이 말씀하시는 대로 할 것입니다"(눅 5:7, NASB, 의역)라는 더 강한 표현을 사용한다.

당신에게 들리는가?

여기에는 말하기와 듣기의 공동의 위력이 대중의 개인적 독서로 인해 약화될 시간적 여유를 주지 않는다(이러한 상황에서 월터 옹의 해석을 생각해보라). 때문에 나는 회중들이 인쇄물을 보면서 자신만의 속도로 읽기를 원치 않는다. 나는 모두가 중요한 대화의 순간에 함께 참여하기를 원한다. 이런 문제적 상황들이 여전히 많이 존재한다.

---

11 Ibid.

대부분의 주일 주보에는 "빈 칸을 메우라"고 하는 과제가 있다. 이 과제는 청중들이 자신이 들은 내용을 얼마나 기억하는지를 확인하게 한다. 설교가 진행되는 동안 주보의 몇몇 빈 칸을 채우면 청중들을 가르칠 수도 있을 것이다. 어쩌면 새로 부임한 목사는 설교를 하는 동안 청중들이 설교를 들으면서 단어나 중요한 구절을 요약하여 기록하는 것을 진정으로 바랄 수도 있을 것이다. 하지만 설교자에게 순응하려고 애쓰는 동안, 절반의 시간은 듣는 것에, 나머지 절반의 시간은 주보를 쳐다보다가, 정말 들어야 할 좋은 설교의 메시지는 놓쳐버리게 되는 것이다.

"어머, 거기에 그런 문장이 있네. 전혀 생각지 못했어."

그리고 "오. 맞아, 맞아, 이거야!"를 외치면서... 빈칸의 정답을 메워가고 있을 때 설교자는 이미 당신보다 열 문장 이상을 앞서 있다. 그마저도 설교를 잘 따라잡으면 다행일 것이다.

왜 이런 일이 일어나는가?

어떤 사람들은 정보를 회상하고 되새기는 것이 설교의 일차적인 목적이라고 생각하기 때문이다. 문자 그대로 기록하면서 무언가를 써 내려 가는 행위에 따르는 부작용을 찾는다면 더 이상 새로운 생각을 하는 것을 방해한다는 것이다. 정보를 다시 기억하기 위해 오히려 새로운 생각을 차단하는 것은 설교를 회중 가운데 의미 있는 현재적 사건으로 환기시키려는 설교의 목적과 부합하지 않는다.

헨리 미첼(Henry Mitchell)이 밝혔듯, 모든 설교는 "믿음과 행위를 일치시키기"[12]라는 행위적 목표를 가져야만 한다. 브루그만(Brueggemann)은 "설교라는 사건은 변형된 상상력 안에서 행해지는 사건이다"[13]라고 말했다. 설교는 "확고한 모든 '사실들'을 흔들어 변화를 위한 길을 여는 것"[14]이다.

버트릭(Buttrick)은 설교의 공식적인 목적이 설교가 진행되는 동안 회중 속에 공통의 의식을 형성하기 위한 것이라고 말했다.[15] 크레독(Craddock)은 "설교가 단순히 말하기 위한 것이 아니라 실행하기 위한 것이다"[16]라고 강조했다. 이는 단지 말씀의 재충전이라는 설교의 목적과는 전혀 다른 것이다. 이것

---

12 Henry H. Mitchell, *Black Preaching: The Recovery of Preaching* (New York: Harper & Row, 1977), 147.
13 Walter Brueggemann, *Finally Comes the Poet* (Minneapolis: Fortress Press, 1989), 109.
14 Ibid., 5.
15 David Buttrick, *Homiletic Moves and Structures* (Philadelphia: Fortress Publishers, 1987), 320.
16 Fred Craddock, *Preaching*, 200.

은 설교가 인간의 소리로 이루어지나 인간 소리가 지니는 잠재적인 힘을 지니고 있음을 의미한다.

레오나드 스윗(Leonard Sweet)은 다음과 같이 언급했다.

> 눈이 아닌 귀가 입구이다. . . 시각은 세상을 대상(object)으로 바꿔놓고, 소리는 세상을 주관(subject)으로 대한다. 시선은 일정한 거리를 유지하나 소리는 세상을 감싼다.[17]

월터 옹의 말이 맞다.

> 소리는 다른 어떤 것도 할 수 없는, 살아있는 존재들을 그룹들로 연합시킨다.[18]

다른 한편으로, 쓰기는 우리로 하여금 "생생한 경험으로부터 일정한 거리"[19]를 두게 한다. 실제로, 대부분의 시간에 저

17　Leonard Sweet, *Summoned to Lead* (Grand Rapids: Zondervan, 2004), 57.
18　Walter J. Ong, S. J., *The Presence of the Word*. 122.
19　Walter J. Ong, S. J., *Orality and Literacy*, 42.

자는 홀로 글을 쓰고, 아무리 많은 독자들이 글을 읽는다 하더라도 대부분 혼자서 읽는다. 반면에 연설자는 (사람들과) **함께** 한다. 옹(Ong)이 다음과 같이 밝히고 있다.

> 인쇄는 본문에서 발견한 새로운 것이 끝이 났다는 느낌, 곧 완성의 단계에 도달했다는 그 완결의 느낌을 분명하게 보여준다.[20]

나는 다음과 같이 말한다.

> 한 페이지의 마침표를 찍을 때, 항상 주의하라! 그것은 "우리는 마쳤다," 그럼에도 우리는 아직 끝내길 원치 않는다고 말하고 있는 것일 수도 있다.

20　Ibid., 129.

4. 기술의 진보인가?

이 시점에서, 오늘날 기술적 전환 중 한 가지에 관심을 가져 보는 것은 흥미로운 일일 것이다.

장거리 소통을 위해 우리는 텔레그라프 시스템(전보 기술-역주)의 모스부호를 활용하곤 했다. 그리고 얼마 지나지 않아 우리는 전화선을 갖게 되었고, 세상이 "발전하면서" 모든 곳에 전화선이 보급되기 시작했다. 이후에는 무선 전화기도 생산되었으며, 통화를 하면서 집안을 걸어 다닐 수도 있게 되었다. 그리고 드디어 휴대폰이 탄생했다.

오, 축복받은 휴대폰! 이제 당신은 사랑하는 애인의 목소리를 어디서든 들을 수 있게 되었다. 더 놀라운 것은 이제는 상대방의 음색의 미묘한 차이마저도 알아차릴 수 있게 된 것이다. 사랑하는 사람에게서 "너, 어쩌다 그랬어?"라는 안타까운 말을 들을 때에도, 목소리의 음색을 통해 질문에 담긴 애정을 알아차릴 수 있다. 뿐만 아니라 힘들어하는 교구 주민의 날선 목소리도 들을 수 있다. 이렇듯 복합적인 차원이 단 한 번에 연결지어 나타나는 것을 경험하게 되는 것이다.

그러나 아쉽게도, 어떤 수준의 소통은 다수가 원하지 않는다. 어떤 이들은 상대와 거리를 두는 것을 선호한다. 그리고 오늘날의 기술은 이것도 가능하게 한다. 당신은 휴대폰으로 문자를 보낼 수 있으며, 이는 타인과 직접적인 접촉이 주는 문제로부터 자유로울 수 있고, 피할 수도 있다. 문자 메시지로 질문을 받았을 때, 곧바로 답을 할 필요가 없으므로 적절한 답변을 위해 좀 더 시간을 가질 수도 있다.

분명 문자를 보내는 것은 모스부호처럼 빠르지는 않다. 최근 모스부호 전문가와 메시지 전문가들은 누가 성공적으로 문자를 빠르게 보낼 수 있는지에 대해서 여러 번 시험을 했는데, 매번 모스부호 전문가가 이겼다. 이 사실이 내게는 기술적 혁신의 실패처럼 보인다.

여러분도 그렇게 생각하지 않는가?(메시지를 보낼 수 있는 특전을 가지는 것은 추가 비용을 지불해야 한다)

제이 레노(Jay Leno)가 빌리 크리스탈[21](Billy Crystal)에게 물었다.

"당신은 트위터(Twitter)를 하나요?"

크리스탈은 대답했다.

---

21 미국 태생의 영화 배우이자 아카데미상 시상자로 알려졌다-역주.

"아니요, 나는 입으로 말할 수 있어요."[22]

크레독과 옹(Ong)이 인간의 소리라고 하는 거대한 공통의 힘을 주목한 것은 크리스탈과 같은 선상에서 이야기한 것이다. 크레독은 "쓰는 것은 읽기 위한 것이고, 말하는 것은 듣기 위한 것이다"[23]라는 말을 우리에게 상기시켜 준다.

나의 관심은 말하기의 중요한 초점이 한 번에 모든 것을 보여주는 것이 아니라 준비부터 모든 단계를 포함하는 것에 있다는 점이다.

5. 설교준비: 본문, 또 본문, 반복, 또 반복

말하는 행위(구술행위)와 글 쓰는 행위(글자 자체가 가지는 의미) 사이에 존재하는 일반적인 차이들을 간략하게 분석하면, 설교준비와 설교 시연, 이 둘을 비교하는 가운데 설교에 대해 좀 더 구체적으로 연구할 수 있다. 그리고 이 연구의 목적은 즉각적인 소리의 회복, 곧 설교에 있어서의 구술성의 회복에 있다.

---

22 *Tonight Show*, May 28, 2009.
23 Fred Craddock, *Preaching*, 193.

설교에 있어서 소리의 회복은 무엇보다 의미 있고 강력한 영향을 미치는 것임에도 **미처 인식하지 못하고 있는 부분**을 알려주는 것이라는 점에서 중요하다. 우리는 자연적으로 알아차릴 수 있고 쉽게 확인이 가능한 변화무쌍한 결론을 잘 내린다. 하지만 정확한 실체에 대한 규명이 없이 수용하려고 하는 무의식적으로 개방적인 우리의 성향은 주일 사역에서는 강력한 힘이 된다.

설교를 생각해보면, 설교를 하는 동안에 말하는 행위와 글 쓰는 행위 사이의 차이점을 바로 알아 차리기는 어렵다. 크레독이 열정적으로 우리에게 알려주는 설교는 "말하는 행위에 대해서 끊임없이 주의하면서 준비되어야"[24] 하는 것으로 기억해야 한다.

하지만 정말로 우리가 말하는 동안에 그러한 원칙들이 실제로 사용되는지를 알 수 있을까?

예를 들어, 우리 모두는 우리에게 주어진 목회적 상황에서 설교문을 작성할 뿐만 아니라 성경적 기초라고 하는 분명한 초점을 가지고서 주일 아침을 준비한다.

---

24 Ibid., 169.

우리가 연구와 기도 그리고 설교문을 준비하는 현장, 곧 원고를 작성하고 프린트하는 자리에서 주일에 다가오는 말하고 듣는 현장으로 "이제는 날아보자"[25](let it fly)라고 말하며 옮겨갈 수 있을까?

아마도 그러지 못할 것이다. 왜냐하면 강단에서 사용할 설교 원고가 설교 준비의 모든 과정이 포함된 모든 원고들의 최종본에 불과하기 때문이다. 그것은 단지 최종적인 **결정본**일 뿐이다. 여기에는 다른 원고들 또한 설교문이 작성되는 데 중요한 역할을 했다. 이러한 자료들은 말하는 행위가 아닌 글을 쓰는 데 있어서 필요한 언어로써 우리를 준비시킨 것들이다(이것은 정확히 크레독이 우리에게 알려준 것에 따른 것이다).

1) 성서정과에 따른 본문들

개정판 3개년 성서정과에 따른 설교 준비는 설교자들에게 일차적으로 설교를 위해 선택할 수 있는 4개의 본문으로 시작한다(나에게는 일상적인 일이 아니지만, 일부 설교자들은 성서정과

---

25 설교 준비가 다 끝났기 때문에 더 이상은 변화의 가능성도 없는 최종적인 것으로 내 손에서는 떠났다는 의미로 사용된 의미로 해석된다-역주.

에서 주어지는 여러 본문을 적절하게 결합하여 쓰곤 한다). 만약에, 원고 작성이 끝내는 데 열중하고, 프린트된 원고가 최종이라는 데 만족한다면, 당신은 전형적인 성서정과의 본문들이 불변성을 선호한다고 확신할 것이다.

물론 예외는 존재한다. 그러나 성서정과 이면에 존재하는 교리적 원칙이 제공된 본문들의 요약된 결론을 도출한다는 것이다. "공동본문위원회"에 의해 주어진 개정판 공동성서정과를 처음 사용하게 된 취지는 "성경에서 제시하는 단일하고 공통적인 모범을 전체 교회와 교단에 제공하려는 데 있음"[26]을 알 필요가 있다.

당신은 이 문장에 담겨진 함축된 요구가 들리는가?

성서정과는 "단일하고 공통적인 모범"을 제시한다.

선택된 말씀들 사이의 간극이 있음을 알고 있는가?

만약 본문이 1절에서 6절까지, 12절에서 18절까지라고 한다면, 7-11절 사이에는 무슨 일이 일어난 것일까?

어쩌면 여기에는 우리가 눈치채기를 원치 않는 문젯거리가 될 만한 흥미로운 내용이 있을 수도 있다(사실, 우리가 그것을

---

26   *The Revised Common Lectionary* (Nashville: Abingdon Press, 1992), 9.

찾아 낼 필요는 없다. 성서정과에 실려 있는 네 개의 본문이 함께 수록된 책을 구입하면 된다. 하지만 그 책들 또한 그 간극을 조명하지 않으므로, 굳이 알 필요는 없다. 당신은 단지 네 가지의 본문 모두를 1쪽부터 읽으면 된다).

성서정과의 본문 안에 나타나는 이와 같은 간극을 고려할 때, 텍사스크리스천대학교(Texas Christian University) 브라이트신학대학원(Brite Divinity School)의 조이 제터(Joey Jeter) 교수는 가장 좋은 답을 우리에게 제시한다.

> 성서정과의 본문에서 빠진 성경 구절들은 거의 대부분 문제가 있고, 성서정과 자체가 그러한 문제를 좋아하지 않기 때문이다. 성서정과는 설교자를 위해서 준비된 것이 아니라 예배를 위해서 고려된 것으로, 예배의 개별적인 순서들은 복음의 총체적인 경험을 제공하도록 그 자체로 예배 안에서 온전하게 구현된다. 따라서 내부에서 문제가 되는 구절이나 서로 충돌되는 본문들은 주로 편집되거나 무시된다.[27]

---

27 The Academy of Homiletics, "Papers," 2007, 6-15.

⑴ 성서정과 본문과 관련해 추가할 내용들

목회자들이 선택하는 성서정과 본문이나 여타의 본문들 이외에도, 보편적으로 목회자들은 여러 권의 참고서적과 교회력에 따라 다가오는 주일에 일어나는 모든 일에 의도적으로 초점을 맞춘 잡지들을 가지고 있다. 주일 예배를 위한 성서정과에 따른 몇 개의 본문이 있다고 생각해보자. 보통 설교자들은 성경 본문 가운데 유용한 몇 개의 요점을 재빨리 결론으로 이끌어 온 후 만족해 할 것이다.

나는 주일 설교 준비를 위해서 시간을 너무 많이 허비(?)하지 않으려 하는 일부의 목회자들이 다른 사람의 설교나 본문에서 주어진 설교 개요를 인터넷에서 찾는다는 이야기를 들었다. 더 많은 본문들이 아직도 인터넷에 떠돌아다니고 있다 (일반적으로 사람들은 "빌려온" 달콤한 열매를 상대편이 흘린 많은 노고는 배제한 채 발견한다).

게다가, 이런 본문들 대부분은 정말 빠르게 결론이 정해진 문자적 해석 방식으로 우리를 이끌려고 유혹한다. 그 결과 우리를 둘러싼 세상, 곧 성경의 자원을 강하게 그리고 병렬적으로 구체화시킬 수 있는 세상에 대한 개방성을 차단한다.

노라 티즈데일(Nora Tisdale)은 설교 작업과 관련한 흥미로운 이야기를 들려준다. 1991년 걸프전(Gulf War)이 시작될 무렵, 첫 번째 주일을 맞은 세 도시의 24명의 목회자들을 대상으로 인터뷰를 했다.

인터뷰에서 그 주일에 선포된 설교에서 전 세계적인 관심사인 이 전쟁에 대해 목회자들은 어떠한 방식으로 다루었는지에 물었다. 놀랍게도 대부분의 목회자들은 전쟁에 대한 한마디도 설교에서 언급하지 않았으며, 그 이유는 다름 아닌 성서정과에 충실하기 위해서였다.[28]

만약 당신의 설교에서도 이러한 중요한 세계적인 이슈에 대해서 언급하지 않는다고 한다면, 당신의 교구에서 일어나는 훨씬 더 많은 사건들에 대해 언급할 가능성은 더 희박하지 않을까?

(2)성서정과 본문의 이슈와 관련한 추가 내용들

"공동본문위원회"의 성경 본문 선정 과정에 관한 나의 불만의 해결이 나의 관심사는 아니다. 본서에서는 몇 가지의 실례를 통해서 개인적으로 관심을 가지고 있는 본문들을 제시

---

28 Leonora Tubbs Tisdale, *Preaching as Local Theology and Folk Art* (Minneapolis: Fortress Press, 1997), 101.

하면서 이해를 돕고자 한다.

다니엘 7:1-3, 15-18

성서정과 "Year C"에서 만성절[29](All Saints Day)을 위한 히브리서 본문 선택은 아주 흥미로운 사실을 보여준다. 그리고 이 특별한 주일을 위한 다니엘서의 선택은 성인들의 삶이 주는 진정한 의미를 듣기 위해 활용 가능한 아주 훌륭한 대안의 제시이다. 이 본문들은 아주 영향력 있게 사용되어 여러 가지의 이미지를 상상할 수 있도록 돕는다.

다니엘서에는 이러한 만성절 설교를 위해서 선택이 가능한 다양한 이야기들(accounts), 곧 불타는 용광로 이야기, 사자굴 이야기, 왕에게 불복종한 용기 있는 이야기들이 들어 있다. 하지만 만성절을 위해 선택된 성서정과 "Year C"의 본문과 그 밖의 다른 어느 곳에서도 이 본문들은 선택되지 않았다.

---

29 그리스도교의 모든 성인을 기념하는 축일로 가톨릭교회에서는 "모든 성인의 축일"이라고도 한다. 최근에는 개신교회 내에서도 만성절에 대한 의미를 새롭게 해석하면서 교회력 가운데 한 절기로 지키고자 하는 시도들이 나타나고 있다-역주.

그리고 전쟁의 희생물로 바벨론의 왕에게 바쳐진 젊고, 뛰어나며, 지혜로운 젊은이들에게 차려진 화려한 만찬 장면에 초점을 맞출 수도 있을 것이다. 이 용기 있는 젊은이들은 다른 모든 것은 거절하고 채소와 물만 선택했다.

다니엘 스미스 크리스토퍼(Daniel L. Smith-Chistopher)는 자신의 다니엘서 주석인 『새해설가 주석』(*The New Interpreter's Bible*)에서 이들의 고귀한 능력을 가리켜 "저항의 요리"(cuisine of resistance)라고 이름 지었다.[30]

이와 같이, 성서정과에서 사용할 본문을 선택한 이들은 적어도 적들이 창문을 통해서 보고 있음에도 끝까지 금지된 기도를 멈추지 않았던 용기 있는 믿음의 사람들의 그림을 우리에게 제공할 수 있었을 것이다. 이러한 내용이 실제로 성자들을 기념하는 설교 본문이 될 수 있다. 하지만 지금까지 위에서 언급한 본문들 중 어느 것도 성서정과의 본문으로 채택되지 않았다.

그 대신 다니엘 7:1-3, 15-18이 본문으로 채택되었는데, 1-3절은 바다 속의 네 마리 짐승에 대한 언급이 나오는 부분

---

30 Daniel L. Smith-Christopher, "Daniel," in *The New Interpreter's Bible,* vol. 7 (Nashville: Abingdon Press, 1997), 101.

이다. 하지만, "공동본문위원회"는 그 짐승들에 대해서는 전혀 관심이 없다. 그들이 여기에 관심을 가지고 있었다면, 4절과 그 이하의 구절들, 곧 짐승들에 대한 의미를 설명해주는 부분을 생략하진 않았을 것이다.

그 대신에 본문은 15-18절로 가면서 중간 구절들은 건너뛰었다. 15-17절은 동물들에 대한 내용에서 18절로 간단히 넘어가면서 "지극히 높으신 이의 성도들이 나라를 얻으리니"라고 선언하고 있다.

그렇다면, 왜 그들은 그 부분을 건너뛰었을까?

누군가 컴퓨터 검색 단어를 찾아서 '성도들'이라는 단어를 삽입한 것은 아닐까?

흥미롭게도 이 단어(성도들)는 RSV 성경(Revised Standard Version)과 NIV 성경(New International Version, 1984년 판)에서는 나타나고 있지만, 최근의 NRSV 성경(New Revised Standard Version)에서는 "지극히 높으신 이의 성도들이 나라를 얻으리니"(단 7:18)로 내용이 바뀌었다. 따라서, NRSV 성경을 사용한다면, 더욱 "공동본문위원회"가 이 구절들을 선택한 이유를 알기 어렵게 될 것이다.

무엇보다 "공동본문위원회"는 왜 이 신실한 믿음의 사람들의 모습에서 창문으로 교묘하게 염탐하는 스파이들의 이미지를 우리에게 제시하지 못했을까?

나는 왜 그들이 그와는 반대되는 특징 없는 용어를 선택했는지 알 수 없다. "공동본문위원회"의 논리를 분명하게 알 수는 없지만, 내 생각으로는 어떤 특정한 날을 위한 적절한 표현을 찾고자 했던 것으로 보인다. 이 때문에 성경에서 정의나 용기와 같은 놀라운 내용을 찾아 내기는 어렵게 되었다.

미가 5:2a

이 본문은 성서정과 "Year C"의 대림절(Advent) 네 번째 주일 본문이다. "공동본문위원회"는 이 구절들이야말로 오실 예수님에 대해 언급으로 확신한 것으로 보인다.

우리는 여기에서 유배생활과 회복된 예루살렘으로 돌아가기를 원하는 상황과 관련해 다른 의미들을 제시하는 성서주석가들의 설명은 먼저 제외할 필요가 있다. 나의 예감으로 이 본문은 **베들레헴**이라는 단어와 함께 대림절 기간 내내 사용될 것이다.

"자신들의 침상에서 사악함과 행악을 꾸미고," 날이 밝으면 "드넓은 들판을 탐하고, 빼앗으며, 주택을 빼앗아가는" 사람들을 향한 외침이 심각하게 빠져 있다(미 2:1-2).

"세대주들과 심지어 그들의 유산들"(미 2:2)로 인한 억압은 이 본문을 선택하는 오늘날의 강단에서 정의에 대한 지지를 위한 새로운 상황을 발견하게 한다.

사무엘후서 6:1-5, 12b-19

성서정과 "Year B. Proper"[31](일반주일)의 열 번째 주일 본문은 예루살렘으로 언약궤의 두 돌판이 옮겨지고 다윗에게로 아주 자연스럽게 권력이 이동하는 것을 보여준다. 그러나 "공동본문위원회"는 이런 어려운 상황 속에서 다윗의 지독히 자기 편향적인 전략은 생략했다. 그래서 그들은 언약궤가 매우 위험해서 언약궤와 관련한 어떤 일도 거부했던 다윗이 언약궤를 지킨 다른 사람이 복을 받은 일을 전해 듣고 다시 언약궤

---

31 개정판 공동성서정과는 오순절 이후의 주일들을 위한 성경 본문을 제시하면서 첫 번째로 "Proper 4"(일반주일 4)를 제시하고 있다. 4번이 첫 번째로 제시된 이유는 교회력 중에서 주님의 "Proper 1"(수세주일), "Proper 2"(주님의 산상변모주일), 그리고 "Proper 3"(삼위일체주일)이 있기 때문이다-역주.

를 가져오기를 요청하는 장면이 있는 6절부터 12절 상반절까지의 내용은 빠뜨리고 있다.

이처럼 자기의 주장을 뒷받침하기 위해 성경 본문의 임의적 누락과 차용(proof-texting)의 더 나쁜 실례는 상상하기 어려울 정도로 많다. 결국 "공동본문위원회"는 다윗의 이런 충격적인 행동에 대하여 미가 선지자처럼 비수와도 같은 비난을 담은 이야기로 끝내지 않았다!

갈라디아서 1장에서 6장까지

여전히 성서정과 본문 선택에 있어 당혹스러운 감이 있지만 갈라디아서에서 채택한 몇몇 본문들은 이미 조이 제터(Joey Jeter)가 평가했듯이 그렇게 나쁘지는 않다. 확실히, "공동본문위원회"는 갈라디아에서의 바울의 사역에 대하여 지대한 신학적 관심을 포함시키고 있다.

그리고 "공동본문위원회"가 선택한 이 본문들이 언제, 또 무슨 이유로 채택되었는지, 심한 갈등을 내포하고 있다는 이유로 계속해서 회피하게 되는 근거들을 주도면밀하게 밝힐 것이다.

특별히, 성서정과 "Year C, Proper"(일반주일)에는 네 번째 주일에서 아홉 번째 주일까지 6주간 연속적으로 갈라디아서 본문이 제시되고 있다(성서정과 A. B. C의 매년 1월 1일[32]과 성탄절 후 첫 번째 주일에서 "Year B"에 수록된 갈라디아서 4장은 제외된다는 사실을 주목하라).

이 6주간에 순차적으로 나타나는 본문들은 1장의 첫 열두 절을 시작으로 바울이 이 서신을 왜 쓰게 되었는지, 얼마나 큰 관심을 가지고 있는지 그리고 무엇을 바로잡기를 원하는지에 대하여 명확하게 보여주면서 무난하게 시작한다.

다른 바울 서신에서는 보통 찬양으로 시작하는 일반적인 구조와 달리, 갈라디아서는 찬양으로 시작하지 않고, 그 부분은 건너뛰고 아래와 같이 시작한다.

> 그리스도의 은혜로 너희를 부르신 이를 이같이 속히 떠나 다른 복음을 따르는 것을 내가 이상하게 여기노라(갈 1:6).

---

32 원래의 이름은 "예수의 거룩한 이름의 축제"(Feast of the Holy Name of Jesus)로서 예수님이 탄생하신지 8일째 되던 날 할례받았다는 것을 기념하여 지키는 날로 명명절이라고도 하며 매년 1월 1일이 된다-역주.

따라서 이 구절은 나머지 다섯 주를 위한 본문의 배경으로 적절하다. 하지만, 불행히도 바울의 강력한 비판이 포함된 이 구절은 대부분의 경우 오순절(Pentecost)이나 삼위일체주일(Trinity Sunday, 성령강림절 바로 다음 주일-역주) 본문을 우선적으로 선택하기 때문에 거의 들을 수가 없다. 이 구절은 2013년 다시 등장하겠지만, 18년 동안 변함 없이 본문으로 채택되지 않은 전철을 밟을 것이다. 사실상, 3년 주기의 성서정과에서 갈라디아서 1:1-10의 본문은 선택되지 않을 것이다.

3년 주기의 성서정과의 대부분은 바울이 자신의 배경, 곧 다메섹 도상에서의 회심 경험과 회심 3년 후 예루살렘으로의 짧은 여행에 대한 내용을 설명하는 갈라디아서 1:11-24을 선택할 것이다. 이와 같은 선택은 큰 이슈들은 포함시키지 않는 비교적 무난한 방식의 본문 선정이라고 할 수 있다.

하지만 예루살렘과의 관계에 대한 자신의 입장을 말해 주는 2장에서는 거의 어떠한 사건도 일어나고 있지 않음을 주목하라. 바울이 예루살렘의 지도자들과 갈등 관계가 분명해지면서, 우리는 무지 속에 남겨진다.

"공동본문위원회"는 바울 서신 가운데 나타난 신학적 논쟁을 확대시키려고 하지는 않는다. 다만 14년 후 바울이 제2차

전도여행에서 예루살렘을 다시 방문한 사실뿐 아니라 그가 강력하게 남긴 내용에 대해 회상할 수는 있다.

> 그들에게 우리가 한시도 복종하지 아니했으니!
> (갈 2:5a)

왜 그랬을까?

> 이는 복음의 진리가 항상 너희 가운데 있게 하려 함이라(갈 2:5b).

바울이 회심한 이후 즉시로 사람들을 만났는지 누군가 질문을 했는가?

바울은 사람들과의 관계에 대하여 "유력하다는 이들 중에... 저 유력한 이들은 내게 의무를 더하여 준 것이 없고"(갈 2:6)라고 표현하며 자신이 관계 맺은 사람들에 대해 언급하고 있다. 이것은 우리가 이해하기에 지나치게 모호하다.

더 놀라운 것은 갈라디아서에서 사용되지 않은 본문 가운데에는 안디옥에서의 신학적 논쟁이 전부 빠져 있다는 것이다. 그 때는 베드로가 "책망받을 상황"이었으며 "바나바도 외식에 유혹된"(갈 2:11-13) 때였다. 주목해볼 부분이 아닌가!

갈라디아서 전체에서 가장 중요한 이 부분을 누가 이렇게 제외시킬 수 있단 말인가?

초기 기독교 운동의 가장 위대한 인물이었던 시몬 베드로와 바울은 이곳에서 복음의 중심이 무엇인지에 대해서 논쟁했다. 참으로 이 논쟁은 오늘날에도 여전히 뜨거운 감자로 남아 있다. 게다가 우리는 이 논쟁에 참여하도록 초대받은 적도 없다. 우리는 이름도 얼굴도 모르고 구체적인 실체가 없는 사람들, 곧 후대 사람들이 유대교로 회귀하려는 자들이라고 정의한 사람들의 주장만 알고 있다.

또한, 설교에서 안디옥 논쟁의 본문을 넣어야 할 더 큰 이유가 있다. 이 본문은 아주 중요하고 특별한 이슈에 관한 것일 뿐만 아니라 신약성경와 그 시대의 신학적 다양성을 강조하고 있기 때문이다.

이 논쟁에 대하여 내가 다양한 관점을 부여하는 것은 개인적으로 너무 많은 것을 기대하고 있는 것일까?

성서정과 본문에서 계속해서 갈라디아서 2장은 예수 그리스도 안에서 믿음으로 의롭게 된다(갈 2:16)는 신학적 결론을 잘 설명해주고 있다. 이 내용의 중요성을 인식하는 것이 필요하다. 하지만 성서정과의 편집 과정은 중요하게 부각되는 갈등을 놓치고 있다. 불행하게도, 핵심적인 본문의 생략으로 문제 없는 답만 존재한다.

이제 3장에서는 폭탄선언과 같은 구절이 나타난다. 첫 번째 구절로 "어리석도다 갈라디아 사람들아"라고 하는 부분이다. 필립스(J. B. Philips)는 이들을 "멍청한 이들이여"라고 부르는가 하면, NEB 성경(New English Bible)은 "어리석도다"라고 표현하고 있다.

JB 성경(Jerusalem Bible)은 단지 "갈라디아 사람들이 미쳤는가?"라고 되묻는다. 이 말은 대단히 심각한 표현이다.

바울은 다시 묻는다.

> 너희가 이같이 많은 괴로움을 헛되이 받았느냐 과연 헛되냐(갈 3:4).

주일에는 어떠한 일도 할 수 없나요?

그것은 분명히 아니다. "공동본문위원회"는 이 본문을 누락했다. 게다가, 여기에서 율법은 저주로 불리고 있다. 하지만 불행하게도, 갈라디아서 3:1-22은 성서정과에 포함되지 않았다. 성서정과 본문은 그 대신에 "초등교사"(갈 3:25)라는 다른 이미지를 보여주는 23-29절에서 본문을 다시 시작하고 있다.

4장의 다섯 구절은 교회력의 다른 주기에 포함되었다. 하나님의 상속자로서 입양된 자녀 됨의 개념이 들어 있다. 성서정과에 포함되지 않은 이후의 네 구절은 바울의 불만이 나타나는 표현이 등장한다.

> 내가 너희를 위하여 수고한 것이 헛될까 두려워하노라(갈 4:11).

그리고 다시 묻는다.

> 그런즉 내가 너희에게 참된 말을 하므로 원수가 되었느냐(갈 4:16).

성서정과에 포함된 본문과 포함되지 않은 본문을 통해서 알 수 있는 것은 심각한 갈등을 담고 있는 본문은 배제하고, 비논쟁적 본문들을 포함시키고자 하는 강한 의도가 엿보이다는 것이다. 그러므로 바울이 명백한 분노를 나타내는 "너희를 어지럽게 하는 자들은 스스로 베어 버리기를 원하노라"(갈 5:12)의 구절이 성서정과에 포함되지 않은 것을 발견하는 것은 놀라운 일이 아니다. 너무너무 표현이 강하기 때문이다!

5장에서 성서정과 안에 포함된 부분은 1절과 성령에 따라 행하라는 바울의 권고가 포함된 13-25절이다("그리스도에게서 끊어진 …자로다"[갈 5:4]라며 과격하게 공격하는 구절이 배제된 것을 주목하라)."

6장에서 이 본문과 관련하여 결정적인 구절이 나타난다. 죄의 문제와 관련하여 바울은 사람들에게 완곡하게 요청하고 있는데, "스스로 속이지 말라 하나님은 업신여김을 받지 아니하시나니 사람이 무엇으로 심든지 그대로 거두리라"(갈 6:7)는 경고를 포함한 상당히 강한 결론적 권고의 내용이다.

최종적으로 바울은 다음과 같이 결론을 맺고 있다.

> 할례나 무할례가 아무 것도 아니로되 오직 새로 지으심을 받는 것만이 중요하니라. **무릇 이 규례를 행하는 자에게와** 하나님의 이스라엘에게 평강과 긍휼

이 있을지어다(갈 6:15-16).

하지만, 서신서의 마지막 두 구절은 포함되지 않았다.

이 후로는 누구든지 나를 괴롭게 하지 말라 내가 내 몸에 예수의 흔적을 지니고 있노라. 형제들아 우리 주 예수 그리스도의 은혜가 너희 심령에 있을지어다 아멘(갈 6:17-18).

대체로 이 같은 특별한 편집 작업은 민감한 갈등은 피하고, 선포의 힘을 약화시키는 결과를 초래하며, 갈라디아서를 평범한 교훈의 편지로 남게 한다. 훨씬 더 훌륭한 선포의 서신이 될 수 있었을 텐데 말이다.

요나서 3:1-5, 10: 약간의 주해를 포함하여

갈라디아서에 대한 "공동본문위원회"의 접근은 요나 이야기에 대한 편집에 비해선 그나마 낫다. 요나서의 편집 정도는 훨씬 더 심각해서 가히 절단 작업이라고 불러도 될 정도이다.

결과적으로, 자신들의 설교에 성서정과의 본문을 사용하기 원하는 설교자들을 돕기 위하여 주해를 제공하려면 몇몇 자료들을 검토하는 것을 포함한 보다 엄밀한 검토가 필요하다.

성서정과에 나오는 요나서의 가장 중요한 본문은 "Year B"의 주현절(Epiphany) 이후 세 번째 주일의 본문이다("Year A, Proper 29"[일반주일 29]에도 요나서 3장과 4장의 일부분이 선택적으로 사용된다. 하지만 동일한 방식으로 다뤄진다).

본문은 요나서 3:1 에서 시작된다.

3장에서 시작해?

그럼 1장과 2장은 어디에 있는가?

어디에도 없다. 하나님의 첫 번째 부르심에 대하여 요나가 곧바로 듣지 않고 무시하고 있는 이전 본문은 주어지지 않고 갈등이 나타나는 부분이 전체 이야기의 출발이 되고 있다. "공동본문위원회"는 아주 기본적으로 다루어야 할 부분들을 제외시켰기 때문에, 진퇴양난의 상황에 놓이고 말았다!

우리는 불순종에 대한 어떤 정보도 얻지 못한다!

알다시피, 요나는 니느웨 성이 있는 북동쪽으로 가야했다. 하지만, 그는 다시스가 있는 남서쪽으로 도망을 치고 말았다. 성서정과 본문에는 바다도, 폭풍우도, 심지어 자신들의 신에게 기도하는 선원들도 나타나지 않는다. 요나는 배 밑바닥에서 잠들어 있음을 기억하라.

이 여행의 영적 리더가 누구인지 내게 말해보라!

요나서 이야기에서 모든 구절은 풍성한 주제들을 내포하고 있지만, 성서정과는 많은 것을 놓치고 있다. 요나는 이와 같이 말한다.

> 나를 들어 바다에 던지라 그리하면 바다가 너희를 위하여 잔잔하리라(욘 1:12).

하지만 여전히 선원들은 위험하게 요동치는 배 위에서 어려움 가운데 있으면서도, 먼저 자신들이 그 일(요나를 바다에 빠뜨리는 일)을 할 수는 없었다. 대신, 그들은 계속해서 짐들을 배 밖으로 던졌지만 소용이 없었다. 해변까지 다다르기에는 역부족이었다. 마침내 그들은 어쩔 수 없이, 닻을 감고, 배에서 그를 쫓아내기 위해 바다로 던지게 된다. 내려진 심판, 그의 심판이 다가오고 있다. 하지만 심판 이상의 것이 있다.

역시 긍휼이 있다. 왜냐하면 요나가 바다에 던져지자마자 그를 통째로 삼키기 위해 하늘에서 온 바다 택시[33]가 나타나기 때문이다. 심판이 내려진 바로 그 순간 하나님의 은혜가 임한 것이다. 바로 이런 내용이 선포되어야 하는데 "공동본문위원회"는 제외시켰다.

요나는 아마도 물고기 뱃속에서 누리는 은혜를 생각지 않았을 것이다. 그는 자기 자신을 위한 강력한 기도를 드렸다.

> 내 영혼이 내 속에서 피곤할 때에 내가 여호와를 생각했더니(욘 2:7).

이해가 되지 않지만, 요나의 생명이 소멸해 갈 때, 하나님은 그를 생각하셨다. 물론, 우리가 아는 바와 같이 결국에는 물고기가 그를 토해내게 된다. 당신은 물고기가 회개했다고 말할 것이다(사실, 요나 이야기에 등장하는 모든 사람들은 요나를 제외하고는 돌이킨다[회개한다]. 니느웨 성의 사람들과 심지어 하나님도…[34] 그러나 너무 앞서가지 말자). 물고기는 해변쪽으로 요나를

---

33 라우리는 먼 바다에서 온 물고기를 하늘에서 보낸 택시로 재미있게 표현했다-역주.
34 라우리는 하나님이 심판의 뜻을 돌이키신 것을 두고 백성들의 회개와 함

토해낸다. 우리의 출발점은 요나서 3:1이다.

성서정과는 왜 이곳을 이야기의 '시작'으로 택했을까?

아무리 이해하려 해도 이해하기 어렵다.

주어진 본문 "여호와의 말씀이 두 번째로 요나에게 임하니라"(욘 3:1)가 주일 본문의 첫 번째 구절이다. 하나님이 부르시고, 요나는 그곳을 향하여 간다. 이 본문에서 순탄하게 생략할 수 있는 내용은 없다. 그는 사흘 내내 걸어야 할 만큼 큰 도시로 향한다. 그리고 하루 동안 외치기 시작한다. 그가 말하지 않은 내용에 주목해보라. 그는 하나님에 대해서도, 죄에 대해서도, 심판에 대해서도 언급하지 않는다. 그가 말한 것은 "40일과 당신들은 이곳에서 사라진다"였다. 그 말을 들은 모든 백성은 회개하기 시작한다.

그후 왕의 개입에 대한 내용이 나오는데, 성서정과에는 포함되지 않았다. 성서정과의 본문은 왕이 등장하기 바로 직전에 멈춘다. 6, 7, 8절과 9절에서 왕은 보좌에서 일어나 왕복을 벗고, 스스로 굵은 베옷을 입고, 재 위에 앉아서 모든 동물들을 포함한 금식을 선포하고 있다(추측컨대, 모든 개와 고양이를 비

께 이해하면서, 요나의 완악함을 재미있게 부각시키고 있다-역주.

롯한 동물들도 베옷을 입고 재 위에 앉아 먹을 것과 마실 것, 어느 것도 먹지 않았을 것이다). 분명히, 왕은 현지인 신학자의 역할을 하고 있다. 왕은 "혹시 모르지 않느냐," "어쩌면 이것이 하나님의 최종 말씀이 되지 않을 수도 있으리라"고 말했다.

안타깝게도, 청중들은 이 구절을 듣지 못하게 될 것이다. "공동본문위원회"는 이 본문을 누락시켰다. 선택된 본문은 5절에서 10절로 건너뛰었다. 뿐만 아니라 청중들은 하나님의 자비로운 결정에 대한 요나의 태도에 대해서도 들을 수 없을 것이다. 성서정과에 나오는 본문은 "요나가 매우 싫어하고 성내며"(욘 4:1)라는 언급도 없이 마침표를 찍고 멈춰버린다.

어떻게 이럴 수가 있는지…이 본문이 요나의 반응을 적절하게 표현했다고 할 수 있을까?

우리는 전혀 예상 밖의 사람들이 회개하는 장면을 보고서 흥분하는 복음주의자들과 달리, 요나가 너무 화가 나서 확실한 표현으로 자신이 얼마나 그리고 왜 죽기를 원했는지를 기억할 필요가 있다. 우리가 때로 기억할 수 있겠지만, 성서정과로 인하여 결정적인 이 구절의 오늘날 의미를 들을 수 있는 특권을 놓치게 된다.

요나가 자신의 신학적 확신을 가지고 있었고 어떤 것도 니느웨 백성을 위한 것이 되기를 원치 않았음을 기억하라! 그는 생각하기조차 싫어했다. 이것이 애초에 그가 순종하지 않은 이유이다.

은혜의 강력한 현실, 어머니의 자궁과 같은 사랑의 영원한 속성, 끝없고 변함없는 헤세드(*hesed*: 은혜)의 사랑, 이 모두가 니느웨 백성을 위한 것이란 말인가?

요나는 이미 역사의 교훈을 통해 그들에 대해 이해하고, 잘 알고 있었다. 그는 정말로 자신이 죽기를 원했다.

하지만 "공동본문위원회"는 아예 처음 두 장을 빼버렸고, 지금은 그 내용을 다루기를 원치 않는다. 알다시피, 요나에 관한 이야기들은 놀랄 만큼 오늘 이 시대의 이야기와 일치된 소리를 들려주고 있지만, 성서정과 본문은 그 부분들을 제공해 주지 않는다.

실제로, "공동본문위원회"는 의도적으로 이런 종류의 본문을 잘라내는 방법을 택한 것으로 보이는데, 이 이야기의 가장 중요하고 흥미로운 부분들을 잘라버렸다. 이런 방식은 이 본문에서 찾을 수 있는 복음을 가벼운 경건적 종교성으로 바꿔버린다. 우리가 살아가는 시대에 비난받는 사람들을 향한 강력한 책망의 말씀이 될 수 있지만, "공동본문위원회"는 다르게 생각한 것이다.

⑶ 설교 준비를 위한 성서정과에 기초한 자료들
 - 놀랍도록 다양한 조합

성서정과를 통해 발견하게 되는 본문 선정에 관한 몇몇 경향을 주목해보자. 히브리 성경을 사용하고, 갈등 관계에 있는 자료들을 빼 버리고, 평범하고 무난한 방향으로 편집하는 경향이 있으며, 복음이 가지는 유익한 확신들은 선호하지만, 한편으로 폐쇄적인 경향을 보인다는 것을 알 수 있다.

인터넷 자료를 포함해서 성서정과 "Year A, B, C"를 기초로 출판된 다양한 잡지와 서적들과 같은 유익한 보조 자료들 간략하게 살펴보는 것은 유용할 것이다. 다시 말하면, 이런 자료들은 다양한 본문들로서 매 주일 오전 설교의 본문을 찾기 위한 성서정과 본문에 기초한 자료들이라고 할 수 있다. 이런 과정에서 구술성의 준비 단계는 맥빠지고 상실된 채 문자주의에 빼앗기게 된다.

나는 성서정과의 본문에 인용할 수 있는 다양한 자료들을 연구했으며, 20여 종 이상의 연구 자료들을 살펴보았다. 아래에 제시된 작업에 기초해서, 당신이 지금까지 본서에서 밝혀

낸 것을 덮어버리기 원한다면, 앞서 언급한 자료에서 그 내용들을 발견할 수 있을 것이라고 쉽게 판단할 것이다.

성서정과의 모범이 주는 열매에 만족하지 않고, 인쇄물의 달콤한 유혹을 거절하고, 그보다 유익한 자료의 발굴에 더 관심을 기울이면 조금 더 놀라운 작업의 결과물들이 기다리고 있을 수도 있음을 주지하라.

여기에 등장하는 문제는 네 가지이다.

첫째, 요나 이야기의 잃어버린 장에 관한 내용은 어떻게 극복 할 수 있는가?

대부분의 주석가들은 어떻게 해서든지, 그 사실을 회피하려한다. 하지만, 고인이 된 엘리자베스 악트마이어(Elizabeth Achtemeier) 교수는 그렇지 않았다. 그녀는 이 상황에서 어떻게 해야 할지를 정확히 알았다.

> 주일 오전 설교의 본문이 시작되는 때, 설교자는 회중들에게 본문에 앞서 본문의 배경이 되는 이야기를 간단하게 다시 들려줄 필요가 있다.[35]

35　Elizabeth Achtemeier, *The Lectionary Commentary,* Roger E. Van Harn, ed. (Grand Rapids: William B. Eerdmans Publishing Company, 2001), 486.

악트마이어가 단지 언급하라는 것이 아니라 이야기를 다시 들려주라고 말한 것에 주의하라. 또한, 그녀가 "**설교자가 선택한** 본문(preacher's text) 앞서서 이야기를 들려주라"고 말하지 않는 것에 주의하라. 그녀는 "**우리의**[36] 본문(our text)에 앞서서"라고 말한다.

악트마이어 교수는 마치 그녀가 교회에 있는 것처럼 생각한다. 정말이지 그녀는 완전히 그곳에 있었다! 하지만 대부분의 주석가들은 이러한 본문들 사이의 간극에 대해서 거의 언급하지 않거나 회피한다.

어떤 사람들은 요나는 가고 싶지 않았을 것이라고 말한다. 또 다른 사람들은 "요나 이야기는 처음에 싫지만 결국 항복한다는 이야기"라고 말한다. 이것이 그들 설교의 내용이다. 하지만 좋아 보이지 않는다.

한 주석가는 설교자의 초점을 벗어나게 하는 물고기에 대한 언급을 피할 수 있었음을 기뻐했다. 누락시킨 본문을 회피한 사람들의 4분의 1 정도는 그 부분에 대해 아예 아무런 언급을 하지 않았고, 나머지 사람들의 절반 정도는 요나서 1장

---

36 여기에서 언급한 '우리의'는 성서정과에 제시된 본문을 말하고 있다-역주.

과 2장에 관하여 언급은 했지만 겨우 한 두 마디 정도에 불과했다.

둘째, 맥 빠지고 성의 없이 너무 간략한 진술은 요나의 사역을 축소시킨다는 것이다. 예를 들어, 어떤 이는 요나의 이야기는 회개의 이야기라고 말한다.

당신은 생각해보았는가?

또 다른 이는 주제에 대한 네 가지를 제안하지만, 각각에 대해 한 문장씩만 제시한다. 또한, 이 본문에 대해 8백 단어가 넘는 에세이를 포함시킨 어떤 출판물에서 요나라는 이름은 문장의 주어로 단 한번 등장한다.

셋째, 별로 관련 없는 지엽적인 주제가 제시된다는 것이다. 어떤 이는 회심자들을 낚기 위한 것이 본문의 주제라고 말한다. 또 어떤 사람은 우연한 행운이 중심 주제라고 생각하고, 요나서는 미끼라고 믿는다. 어떤 저자는 그 주제가 교리와 관련이 있다고 생각한다.

넷째, 이 본문에 관한 약 20여 종의 주석서들 가운데 특별히 놀라운 것은, 많은 주석서들이 교회와 세상과의 관계에 대한 언급은 빠뜨리고 있다는 사실이다.

몇몇 저자들의 책은 주석 작업에 있어서만큼은 아주 훌륭했다. 하지만, 그 시대와 오늘 이 시대와의 역사적인 관련성에 대해서는 언급하고 있지 않았다. 예레미야, 여로보암, 엘리야에 대한 언급을 하고 있지만, 이 땅을 살고 있는 우리와의 관계에 대해서는 언급하고 있지 않는다. 다시 말하지만, 악트마이어 교수는 자신의 책, 첫 문장에서 청중들의 삶 자체의 이야기를 들려주어야 한다고 언급하고 있다.

> 구약성경의 하나님은 분노하고 심판하시는 하나님이며, 신약성경의 하나님은 사랑과 자비가 넘치는 하나님이라는 전형적인 생각에 아직도 빠져 있는 사람들은 요나서를 더욱 주의 깊게 살펴보아야 한다.[37]

나는 이 말에 전적으로 동의한다. 이 말은 우리를 책에서 벗어나 더 많이 생각하게 할 것이다.

한편, 호주 멜버른의 연합교회신학교(Uniting Church Theological Hall)의 교수인 하워드 왈라스(J. Howard Wallace)는 현재도 발간 중인 성서정과 주석 연구에서 우리가 "종교

---

37 Elizabeth Achtemeier, *The Lectionary Commentary*, 484.

적, 정치적, 경제적, 군사적으로 서로를 보호하기 위해서 일정한 거리를 두고 경계들을 무너뜨려서는 안 된다는 진지한 소리가 들리는 세상"에 우리가 살고 있음을 주목하고, 요나서를 우리 시대와 연결시킨다.

또한, 왈라스는 다음과 같이 적고 있다.

> 긴장을 소멸하는 하나님의 유머는 . . . 인간이 세운,
> 삶을 부정하는 모든 한계를 전염성 강한 기쁨으로
> 도전한다.[38]

참으로 왈라스는 본문을 우리의 삶과 어떻게 연결해야 하는지를 알고 있다.

앞서 언급했던 20여 종의 성서정과와 관련 도서 가운데 몇 권의 도서들은 정말로 도움이 된다. 하지만 대부분의 자료들은 단조롭거나, 비교의 깊이나 구체적 접근이 주는 생동감이 없으며 누구나 아는 개념들을 제공한다. 우리는 여기에서 "저항과 포용이 상존하는 우리 삶의 가장 깊은 자리들은 교훈만

---

38   J. Howard Wallace, Online Biblical Resources.

으로 결코 도달할 수 없다"고 주장하는 브루그만의 강력한 관찰을 다시금 상기해야 한다.[39]

나는 성서정과를 사용하는 것이 회중들로 하여금 교회력의 흐름에 따라 살아가는 데 소중한 예전적인 목적을 위해 필요하다고 믿는다. 그러나 여기에는 또 다른 중요한 가치도 있음을 잊지 말아야 한다. 정보 전달을 궁극적인 목적으로 삼아 예배를 축소시키지는 않아야 한다는 것이다.

6. 그러므로

성서정과를 사용하면서 이를 최대한 활용할 수 있는 방법은 무엇일까?

좀 더 자세히 살펴보자!

설교를 할 때, 병치구조와 같은 흐름은 피하고 성서정과가 가지고 있는 방식, 곧 폐쇄성과 최종적인 결론이 이미 제시되어 있다는 것을 인지해야 한다. 현재 제시된 성서정과 본문이

---

39 Walter Brueggemann, *Finally Comes the Poet*, 109.

너무 제한된 본문만이 쓰이고 있기 때문에, 현재의 성서정과 본문이 포함되지 않은 새로운 본문이 추가된 네 번째 해를 위한 성서정과가 필요하다고 생각한다. 이 말은 어떤 본문은 포함시키지 않아야 한다는 것이 아니라, "공동본문위원회"의 본문 선택에 있어서 구성 방식에 관한 언급이다.

이 과정에서 성패를 가름하는 것은 설교 준비의 전반적인 과정에 포함되는 구술행위의(발화행위) 기능에 확실한 주의를 기울이는 것이다. 본문 내용에만 파묻혀 있다보면, 더 깊은 사고와 생각을 멈추게 하는 문자주의에 빠지기 쉽다. 그리고 문자주의는 하나의 고정된 마침표로 생각을 닫아버리는 것을 좋아한다.

7. 설교에서의 소리

긴장/해결의 구조에 관해서 좀 더 언급하는 것이 도움이 될 수 있다. 긴장/해결의 구조가 가지는 다양한 형태들이 있다는 것을 기억해야 한다. 즉, 간략하고, 복합적이고, 크고, 함축적인 형태이다. 만약, 긴장/해결이라고 하는 "작은 신호들"이 같은 흐름으로 반복된다면, 사람들은 곧 지루해 할 것이다. 따라서 내가 사용하는 아리스토텔레스의 플롯 구조는 긴장과 구조가 그저 반복되는 것이 아니다. 이것은 플롯의 전반적인 흐름과 관계가 있다.

나쁜 상황이 더욱 악화될수록, 이야기의 결론을 향해서 갑작스러운 변화가 일어날 때까지 기대감은 더욱 커져간다. 제레미 백비(Jeremy Begbie)의 비교를 떠올려 볼 필요가 있다. 곧, 동일한 원리들 가운데 개별적 독특성을 표현하고, 놀라운 음악적 다양성을 나타내면서, 긴장과 해결의 요소가 얼마나 다양한 수준에서 발생하고 동시에 머무는지 비교하는 것이다.

설교에서 소리 회복을 위해 소리의 행위들, 곧 크게 소리 내어 읽고, 소리 내어 생각하고, 소리 내어 쓰고, 소리 내어 일하기 위해 가장 중요한 것은 무엇일까?

말 그대로, 예배를 위한 모든 성경 본문은 다양한 번역본으로 그 소리를 들어야 한다. 그래서 우리의 귀가 본문이 말하는 것과 우리가 기대하는 것이 무엇인지에 대해 들어보아야 한다.

이것은 설교자가 연필을 들고 글을 쓰거나 컴퓨터의 자판을 두드리기 전에, 본문에 대해 사람들이 듣고 싶은 내용과 듣고 싶지 않는 내용을 알아보기 위해, 쓰려는 내용을 들어보아야 한다는 의미이다. 설교자가 주일 말씀의 선포를 위해서 원고를 먼저 쓴 다음, 나중에 듣는 순서를 따른다면 본문을 통해 듣는 작업이 설교자에게 너무 늦어질 수 있기 때문이다.

예를 들어, 차를 타고 여행을 하는 동안 준비할 중요한 일 가운데 한가지는 성경 본문을 문장으로 소리 내어 표현해보는 일이다. 자신의 생각을 구체적으로 말로 표현하는 것을 연습해 보라! 내가 강조하는 것은 멈추게 하고, 듣게 하고 그리고 주목하게 만드는 방법들에 관한 것이다. 이런 노력들은 전체 설교의 박자를 이끌고, 설교의 발언에 힘을 주며, 전진하는 설교의 선포에 깊이를 더 해준다.

2008년 11월 14일, 국민투표가 있은 지 열흘 후였다. "데이비드 레터맨 쇼"[40](David Letterman Show)의 그날 초대 손님은 빌 코스비(Bill Cosby)였다. 프로그램이 시작될 때 두 사람은 코미디의 일부분을 보여준 후에 함께 자리에 앉았다.

레터맨이 물었다.

"선거 당일 어떤 일을 하셨는지 말씀해주시겠습니까?"

---

40 *CBS Late Show*, November 14, 2008.

사람들이 나눈 일상적인 이야기를 다음과 같이 생각해 볼 수 있을 것이다.

"정말 역사적인 순간이었죠."

실제로 수백 만의 사람들은 그렇게 이야기했다. 코스비도 다음과 같이 언급했을 것이다.

"나는 정말이지 너무 벅찼어요."

수만 명의 사람들이 또한 그렇게 말했을 것이다. 틀림없이, 그렇게 말했을 것이다. 코스비도 다음과 같이 말했을 것이다.

"내 생애에 그런 일이 일어나리라 생각해본 적이 없어요."

많은 다른 사람들은 그렇게 말했을 것이다.

코스비도 그렇게 말했어야 했나?

아니다. 출연한 쇼에서의 코스비가 한 말 때문이다.[41]

다음은 코스비가 언급한 내용이다.

> 나는 내 책상 위에 있는 아버지의 사진들에서 아버지의 사진을 빼서 나의 주머니에 넣었어요(그는 그런

---

41 대통령 선거의 결과에 대한 사람들의 언급이 수백 만에서, 수만 명으로, 그리고 많은 사람들로 줄어들면서 코스비가 한 행동은 그야말로 그만의 상상력이 돋보인 독특한 행동의 표현이라는 것을 언급하고 있다-역주.

자세를 보여주었다). 나는 어머니의 사진도 사진틀에서 빼서 주머니에 넣었어요(또 다시 그런 자세를 보여주었다). 지금은 두 분 다 돌아가셨지요. 그런 다음 나는 6살에 죽은 남동생의 사진을 가져왔어요. 그때 나는 일곱 살이었지요. 그리고 주머니에 동생의 사진을 집어넣었어요(다시 그런 자세를 보여주었다). 이어서 그는 말했다. 나는 투표소에 사진들을 가지고 들어가 커튼으로 가렸어요. 그리고 내 앞에 사진을 놓았지요. 그런 다음 말했어요.

"자, 투표합시다."[42]

특별한 상상을 떠올리게 하는 장면이다. 죠셉 시틀러(Joseph Sittler)는 "상상력이란 새로운 무언가를 더하는 것이 아니라 항상 무언가를 불러일으키는 것이다"라고 말했다. 그는 "상상력은... 설교자에 의해서 증언되는 것으로써... 하나님

---

42 당시 미국 대통령 후보자로 버락 오바마가 출마했으며, 가족 모두를 동원하여 첫 번째 흑인 대통령을 뽑고 싶었던 간절한 흑인들의 마음을 행위를 통해 우회적으로 표현하고 있다-역주. Joseph Sittler, *The Ecology of Faith* (Philadelphia: Muhlenberg Press, 1961), 56.

말씀이 가진 구원의 즉각성을... 재현하는 과정이다."[43]

제2장에서 언급한 바와 같이, 이것이 바바라 브라운 테일러(Barbara Brown Taylor)가 보여주고자 했던 것이다. 그녀는 사마리아 여인이 조명에서 벗어나게 할 때, 그때에 예수님을 조명 아래로 들어오게 했다. 그녀는 성경 본문의 관념적인 움직임을 실제 행동으로 옮겨 놓았다.

원칙적으로, 우리는 말 그대로 하나님의 말씀을 시간과 함께 이해하고, 설교가 한 방향이든 아니든 순간(moment)에서 순간으로, 박자(beat)에서 박자를 따라 움직인다는 것에 주목하며, 내러티브 설교의 원칙들을 다뤄왔다. 시간의 흐름(temporal sequence)이 가진 명백한 특징은 설교가 시간이 흐름에 따라 지연과 구체화된 모습의 잠재성 그리고 창출하는 소리를 전략적 수단으로 삼고 전진한다는 것이다. 이 분명한 과제는 손에서 눈이 아닌, 입에서 귀로 이어지는 의사소통을 실현한다.

---

43 저자의 책에는 빠져있지만 이해를 돕고자 죠셉 시틀러의 "The Ecology fo Faith"의 원문을 실었다. "Imagination is the process by which there is reenacted in the reader the salvatory immediacy of the Word of God as this Word is witnessed to by the speaker."

설교의 심장이 계속 뛰게 하라!

그리고 해결(결론 혹은 결단)의 지연을 잊지 말라!

이것을 우리는 해돈 로빈슨(Haddon Robinson)에게서 이미 들은 바 있다.

> 긴장이 사라지면, "설교는 끝난 것이다."
> 그렇다!
> 긴장이 사라지면, 설교는 끝난 것이다.
> 그래서 이 글을 쓴 것이다.

생명력 있는 설교: 설교의 심장을 뛰게 하라

The Homiletical Beat: Why All Sermons Are Narrative

2016년 12월 20일 초판 발행

지 은 이	|	유진 L. 라우리
옮 긴 이	|	김양일
편 집	|	이종만
디 자 인	|	서민정 이수정
펴 낸 곳	|	사)기독교문서선교회
등 록	|	제16-25호(1980. 1. 18)
주 소	|	서울시 서초구 방배로 68
전 화	|	02) 586-8761~3(본사) 031) 942-8761(영업부)
팩 스	|	02) 523-0131(본사) 031) 942-8763(영업부)
홈페이지	|	www.clcbook.com
이 메 일	|	clckor@gmail.com
온 라 인	|	기업은행 073-000308-04-020, 국민은행 043-01-0379-646
		예금주: 사)기독교문서선교회

ISBN 978-89-341-1603-5 (93230)

* 낙장·파본은 교환해 드립니다.

이 도서의 국립중앙도서관 출판시 도서목록(CIP)은 서지정보유통지원시스템 홈페이지 (http://seoji.nl.go.kr)와 국가자료공동목록시스템(http://www.nl.go.kr/kolisnet)에서 이용하실 수 있습니다.
(CIP제어번호: CIP2016028005)